我不好，
但假裝沒事

找到自己本來的模樣，不必成爲討厭的大人

獨慕溪・著

推薦序

是逞強而不是堅強

臨床心理師　洪仲清

「沒事」說多了，便真的開始不被人在意；

「沒關係」說多了，便真的成了別人眼中的理所當然；

「我可以」說多了，便不會再懷疑你是否在逞強、偽裝。

看到這段從書中內容整理出來的文案，想起故作堅強的一些朋友。

「當一個人長久習慣故作堅強，他至少會經歷兩種辛苦：第一辛苦的是，他會忘掉自己也會軟弱，忘記給自己軟弱的權利；第二辛苦的是，別人會忘掉他也會軟弱，忘記給他軟弱的權利。」

這是我在《謝謝你知道我愛你》這本書裡面，寫過的一段話。這段話，飽含心酸淚水。

是逞強而不是堅強

逞強，終究不是堅強。強忍住的淚水，正等著哪一天潰堤。其實能哭得出來還算好，多得是情緒無法釋放，鬱悶成疾的案例。

我們都是平凡人，偶爾軟弱不丟人。

只不過，有意識的逞強，也不完全是壞事。跟人社交成例行公事，如同戴上面具，不想展露太多情緒，那也可能是一種得體。我們文化常打壓情緒，有意識的逞強也是一種生存策略，也可以是一種好意——不想讓正愛著我們的人擔心。

逞強，也常常是從小養成的習慣。都說家是最安全的避風港，但有些人回到家，反而處境更艱難。因為有些父母不喜歡男孩軟弱，有些父母嫌處理孩子的情緒麻煩，跟父母訴苦還可能被責罵，於是孩子學會將情緒隱藏。

也有在商場上叱吒風雲的人曾經這麼說，心裡再怎麼痛苦也要看起來有自信，要不然沒有人要跟你做生意。話講得好聽叫情緒管理得宜，講難聽就是不撐到最後一刻不放棄，懂得微笑才能換來money。

沒關係的。是硬逞強，還是真堅強，都沒關係的。成人的世界，本來就常是卑躬屈膝的白天，伴隨著難以成眠的深夜。

人活到一定歲數，就知道把一天盡力過完，也是不容易。沒發生大事，也是好事。如果拚了命還成不了人上人，那就試著做自己喜歡的尋常人。
別人口中的成功，不一定適合自己；朋友成群，也不見得都是真心意。偽裝常帶來疲憊，最讓人疲憊的，竟是在失落後搞不清楚自己是誰？
我做心理工作，常被期許為是一個擺渡人——當事人想從痛苦的此岸，擺盪到想像中的幸福彼岸。然而，當事人能順利到達彼岸，常常是他自己度化了自己。
想要打開心，讓陽光藉著裂開的縫隙去照見黑暗，這動作本身就十足的勇敢。療癒工作一旦展開，眼淚常常汪洋成河，中途放棄的人所在多有。但即便再難堪也不放棄梳理自己，這就能慢慢打磨出愛自己的堅定與篤定，這堅定與篤定將帶著當事人在未來乘風破浪穩穩妥妥地前進。
真到達了彼岸，也才明白人生怎麼會沒有風雨，而是不再用陳舊的信念禁錮自己，能想得開也能放得開。沒那麼害怕自己被人討厭，能明白「失敗有時只是失誤」，那些以前過不去的、想不通的，自然也就看淡釋懷。
沒辦法走下去的關係，多想想對方曾有過的好，說不定更容易斷捨離。好好愛過了，就可以好好謝謝自己的努力，畢竟只有自己最清楚自己如何用心。生命本來就不用符合我們的預期，逞逞強揮揮手說不在意也可以。

沒有一定要活在關係裡，能平平安安單身，也是福氣。逝去的光陰教導我們：寧可孤寂，也不違心。

關係如浮雲，隨緣聚散，但你是雲朵背後的天空。不同人總是會在我們身邊來來去去，但只要我們留下一份安靜，守住自己的心，縱然有烏雲密佈打雷下雨，依舊會再現朗朗天晴。

有些人會覺得「愛自己」是已經聽膩了的口號，那就記得一句「吃好、睡飽、鍛鍊好」。因為身心健康精神爽，不管是面對事業或關係，比較能帶著不失感性的理性去處理。

還有，單身生活也可以是有意為之的選擇，而非無可奈何的妥協。單身生活裡的冒險與狂野，更瀟灑活潑，想學東西、想嚐新鮮、想去哪裡，都自由得多。

把單身當成妥協，有大把時間卻怕這怕那裹足不前，那麼，這樣與其說是單身，不如說是「老」。老是一種心態，這心態甚至能影響容貌，離精神上的死亡也就不遠了。

看這本書，一時間湧現許多跟作者類似的感觸，深有共鳴，分享給您！

獻給
在成爲大人路途上迷茫失措的你我

目錄

NO. 1 當你過於在乎別人的想法，日子只會越來越委屈

NO. 2

人生從來沒有固定模式，所有的清單都該私人訂制

NO. 3

尋回自己本來的模樣，你會遇見更好的自己

NO. 4 如果拼盡全力也成不了「大神」，那就做個很棒的普通人

NO. 5 堅定地過自己喜歡的生活，才是告別焦慮的活法

No.1

當你過於在乎別人的想法，
日子只會越來越委屈

愛情裡故作堅強，只會傷害自己

「沒事」說多了，便真的開始不被他人在意；
「沒關係」說多了，便真的成了另一半眼中理所當然的「沒關係」；
「我可以」說多了，另一半便不會再懷疑你是否在逞強、偽裝。

朋友小H在微信朋友圈中貼文，配圖是一張海報，上面摘錄了一句情感語錄：「愛情就是一場冒險，贏了，廝守一生；輸了，那個比朋友更親近的人，連朋友都不是了。」貼文內容是：「姐又恢復自由身了。」

我私訊她，問她究竟是怎麼一回事——要知道，她和老李的愛情故事，可一度是我們朋友圈中的佳話。

上一次與小H聯繫的時候，她還處在新婚的喜悅中，別人的感情是七年之癢，她和老李卻是七年修來共枕眠。曾一度羨煞旁人的情侶，轉眼間卻又各奔東西。我問她兩人離婚的原因，試圖當個和事佬。當時我想著，兩人那麼多年的感情，哪是說沒就能沒的，沒準還有轉圜的餘地。小H淡淡一笑，道出了始末。

那是一個週末，小H約了好友小N逛街。當天晚上，老李出去應酬，小H便和小N約好兩人吃完晚飯後一起去看電影。

前一夜下了雨，之後又下了雪，路面結了冰，白天雪雖然融化了一些，但在一些背陰的小路上仍有殘餘的冰。天黑路滑，小H雖萬般小心，但還是摔了一跤。這一摔不要緊，下身竟摔出了一攤血，到醫院被醫生告知是小產。一個是不知道自己已經懷孕的新婚女人，另一個是男朋友還沒著落的黃花姑娘，一聽這事，兩人都慌了。小H立馬給老李打電話，卻怎麼都打不通。

小H再見到老李的時候，已經是第二天了。她問他為什麼一直不接電話，老李解釋說自己喝醉了，沒有聽到電話響。正在氣頭上的小H說了許多狠話，最後才哭著說：「你知不知道我昨晚進醫院了。」老李問她哪裡不舒服，可氣頭上的小H哪裡聽得進去，又說了更多的狠話。可能是被她吵煩了，老李煩躁地說：「你之前生病不也是自己去醫院嗎？有什麼大不了的。現在又是鬧哪齣？」禍根就此算是埋下了。雖然後來得知實情的老李誠懇地道了歉，但小H心裡那道坎卻怎麼都過不去了。

上大學時，小H得急性闌尾炎，是室友送她去醫院做的手術。那幾天正好趕上老李參加期末考試，小H怕自己的病情影響老李考試，對此事更是隻字未提。

大四的時候，小H是最後一個搬離寢室的。炎熱的夏天，小H一個人拖著三個尼龍袋子搬家，搬家第二天就患了熱傷風。雖然有男朋友，但小H其實一直都是一個人，生病了自己一個人去醫院，燈泡壞了自己一個人換，搬家的時候自己一個人想辦法。小H常說，異地戀就是這樣，根本沒辦法在需要對方的時候要求對方立即出現，那又何必說出來讓他擔心呢？即使後來兩人結婚，小H也還是報喜不報憂，有事都是自己一個人硬扛。

不知道凡事習慣總是先為對方考慮，最終傷痕累累的小H在拿到離婚證書的那一刻，有沒有想到這句話：愛情裡的故作堅強就像慢性毒藥，會慢慢使對方麻痺，直至忘記另一個人內心的柔軟與渴求被理解的心。

社交平台上有這樣一個問題：「那些愛逞強，不愛麻煩別人的人到最後都怎麼樣了？」下面有這樣一條高讚回答：「活著，但挺累的，總是繃得緊緊的，對自己要求很高，必須成為更優秀的人。無時無刻不擔心自己會打擾到別人，怕給別人添麻煩，下意識地不建立過深的友誼，因為擔心自己的依賴會給別人帶來麻煩，就連伴侶也一樣。」

如今，很多人愈發勇敢、獨立，看起來特別灑脫，特別酷，在感情裡尤為如此。酷到被追問「還好嗎」的時候會自然地回覆一句「沒事」，酷到即使受到傷害也只會輕描淡寫地說一句「沒關係」。可是，真的「沒關係」嗎？沒人追問，也沒人在意。

生活不是電視劇，沒有人能保證自己的人生一定會上演完美大結局。「沒事」說多了，便真的開始不被他人在意；「沒關係」說多了，便真的成了另一半眼中理所當然的「沒關係」；「我可以」說多了，另一半便不會再懷疑你是否在逞強、偽裝。到最後，「裝酷」慢慢變成了「真酷」。

愛情裡，很多人都在期待著同樣的被理解，希望對方可以看到自己柔軟的一面，也能懂得自己的堅強。只不過，正如知名編劇與作家廖一梅的那句流傳甚廣的話一樣：「在我們的一生中，遇到愛，遇到性，都不稀罕，稀罕的是遇到瞭解。」

愛情中，如果你就是那個很酷的人，希望你可以卸下盔甲、放下防備，向對方展現出真實的自己，直抒胸臆，往往好過故作偽裝。因為愛情本來就是有那麼一點點的不講道理，它既不需要太過大度，也不需要強行裝酷，更不需要你一味為別人著想而忽略自己、傷害自己。

盲目斷捨離，終將無法追憶曾經的美好

我一直固執地認為，只要那個東西一直留在那裡，回憶便可以隨時撞進我的腦子裡，帶我重溫那個時期的美好。

忘記是誰跟我說過：「之所以不再留戀家鄉，是因為兒時玩耍過的家門前的河流早已變了模樣。」

張耀的作品《山外有山》裡有一段話：「說出來怕顯得矯情，我身體裡常住著一個念舊的老人：他從夏日炎炎的新街口出發，哼著李宗盛的《傷心地鐵》和王傑的《安妮》……他穿著白色背心，骨瘦如柴，步履矯健，從新街口到西單可以不走大馬路，只需幾個胡同便能抵達，這條路怎麼走只有他和少數人知道。那時燕京啤酒還都是兩塊五的大綠棒子，三五小夥伴幾十塊錢可以在路邊烤串吃到打嗝。那時手機只能發短信和打電話，每月電話的分鐘數還得算計著打，電話裡說好下午兩點在朝陽公園打球，人就一定會在兩點都到齊。對他來說，情義和責任是最重要的，只要認定了的，那就是大半輩子的事了。」

或許我的心裡也住著這樣一個念舊的老人，所以對久遠的過往常常難以釋懷。

大學畢業以後，留在同個城市一起打拼的朋友越來越少，出租屋裡的私人用品卻越來越多。預想到以後搬家時的忙亂，我便開始學著斷捨離。挑挑揀揀中，很多去年買的衣服、鞋子已經躺進了小區的衣物捐贈箱裡，可那些有了歲月痕跡的老物件卻總是在被捨棄的一瞬間又被重新拾起。

放不下的不僅是那些物件，還有那些無法重來的生活。我一直固執地認為，只要那個東西一直留在那裡，回憶便可以隨時撞進我的腦子裡，帶我重溫那個時期的美好。

小時候在家，總是喜歡躺在自己臥室的那張小床上。長大後，閨密曾和我一起躺在那張床上細數牆上張貼的海報，每一張都可以引出一段回憶。房間一直保持著我中學時期的樣子，書架早已放不下多出來的書籍，平安果的包裝紙成捆地捲在一起，不知是誰送的巧克力已在角落裡落滿了灰塵。再看看鏡中的自己，總會有種恍如隔世的感覺。

有人說，念舊的人活得像個拾荒者，因為這和大部分人所追逐的光鮮亮麗的生活是格格不入的。電影《喋血雙雄》裡說：「我們都不再適合這個江湖」、「我們太念舊了」。很多人為了適應「這個江湖」，放棄了過去，也放棄了自己。然而，當我們真的與過去完全隔絕開的時候，生命的意義還剩多少呢？

出租屋的書架上放著我珍藏的寶貝，每當有朋友來拜訪時，我總要拿出來向他們展示一番。那是三本相冊和一個公文袋，最大的那本相冊裡夾著我前往各個城市的飛機票、火車票和城市地圖、景點門票，它們是我這些年來四處旅行的記憶。

此外還有數十張電影票，它們記錄了一個又一個我與自己對話的夜晚，它們見證了我的孤獨，也見證了我的勇敢。還有三張英語四級的准考證和兩張英語六級的准考證，它們將是我今後教育自己的後代要好好學習外語的憑證。

還有那個裝了五十八元的紅色信封，在外人看來不值一提的五十八元卻是我和大學宿舍室友們夢想的開始，那是上大學時我們幾人合夥做小本生意積攢下來的錢。雖然錢很少，但是每次見到它我都會非常感動，燃起鬥志，因為青春、夢想，以及曾經並肩奮鬥過的日子，都藏在裡面。

念舊，在我看來並沒有那麼糟糕。

我們常常睹物思人，也常常睹物憶情。看到某樣東西，我們馬上就能想起彼時的自己是開心的，還是難過的。舊物的存在，讓我們的過去有跡可循。

看到畫冊裡的畫，憶起自己兒時曾夢想當畫家；看到堆在角落裡的吉他，憶起自己也曾文藝張揚；看到那些塵封的情書，憶起自己也曾被人溫柔相待。應該承認，其實我們真的不該盲目跟風地斷捨離，人有時候真的需要保留一些老物件，不為時常念起，只為我們韶華逝去、記憶衰退時幫我們一同追憶。

當你追憶兒時的友情，追憶年少的心動，追憶曾經的瘋狂與勇敢、熱情與善良時，你會真真切切地感悟到：我這輩子活得還是挺有滋有味的。

調整一下工作心態，你會輕鬆很多

不要輕易向工作中的艱辛低頭，
我們可以假設生活只是一場妙趣橫生的冒險，
就像愛麗絲突然闖入仙境中那般，
蜥蜴可能龐大如蛇，但蘑菇也會為你遮風擋雨。

前段時間，一位客戶無意間看到了我做的一份招商 PPT 報告，便主動詢問我們公司是否提供 PPT 製作服務；就這樣，我莫名其妙地承接了一個「大案子」。時間緊，任務重，一千五百字的文字資料要修改成二十張以上的 PPT，在對業務內容完全不瞭解的情況下，這工作的難度可想而知。

接連三天，每天工作超過十二個小時，最晚的一次甚至加班至午夜，走出公司園區的時候整棟樓都已經是黑漆漆的了。我用叫車APP叫了輛計程車，怕出意外還特地把司機牌照拍下來發給我的閨密。

司機從後視鏡中看了我一眼，問：「小姐，怎麼這麼晚才下班？」我警惕地回他：「加班。」「你們這棟樓也是做程式的嗎？我看亮燈的房間也不是太多呀。」我無意與他交談，便沒有接話。

可他好像並不在意，又繼續說道：「我家女兒在北京也天天加班，不過北京的計程車車費可比咱們這貴多了，聽我女兒說她搭一次車怎麼也得百八十元……。」

聽他提及女兒，我的警惕稍微放鬆了一些，放下戒備和他聊起來：「您女兒在北京是做什麼的呀？」「她是做程式研發的，一年到頭天天加班。上高中時她就喜歡搞電腦之類的，我和她媽都想讓她學個會計什麼的——也不奢望她賺多少錢，安安穩穩的不就挺好——誰能想到啊，她最後竟然做起了程式研發，還做得這麼賣力！」

「做程式研發確實挺累的，加班是常態。」司機大叔沈默了片刻，然後話鋒一轉：「不過也挺好。我是想明白了，她還年輕，讓她闖闖也是好事。年前我和她媽媽去了趟北京，她請假帶我們玩了兩天。她帶我們逛了故宮、長城，還去吃了那個全聚德烤鴨，和小時候可不一樣嘍。唉，女兒長大了，我們也老了。」氣氛突然凝重了起來。

原本我想說點什麼安慰他，嘴張了張硬是一個字都沒吐出來。大叔也沒在意，接著又說道：「你們這些女孩子啊，天天加班可不行，可得注意身體啊。知道你們忙，那就得多吃點好東西。我也天天跟我女兒說，無論加班到多晚，這晚飯必須得吃好了。」那一刻，我感覺心中暖暖的，一天的忙碌與疲憊在這一刻得到了緩解，我小聲跟他道謝：「謝謝您，您這工作其實也蠻辛苦的。」

司機大叔突然提高了音量：「我都開了一輩子車了，早就習慣了，一點都不覺得辛苦。以前我一直以為大老闆們的生活肯定美滋滋的，後來在工廠裡給一個老闆當司機，發現他們也要天天加班。不光這樣，他們還有各種應酬：今天這裡有酒局，明天那裡有酒局。肝啊，腎啊，全都給喝壞了，不喝酒的時候就得大把大把地吃保健藥。你說說，誰容易啊！我記得特別清楚，有天那個老闆竟然對我說：『老張啊，我可真羨慕你！』你看啊，他一個大老闆倒羨慕起我來了。」說完，司機大叔爽朗一笑。

原本還想繼續聽他講故事，可惜車已經開到我家門口了。臨下車的時候，司機大叔還囑咐了我一句：「回家記得喝點暖的東西再睡。」連日加班造成的沮喪感一掃而光。是啊，沒有誰的工作是不辛苦的，只看你怎麼看待它。

看過一個特別有意思的短片，標題是「當代年輕人的心聲」。影片中，一隻狐狸和一隻黑鳥在生無可戀地抖啊抖，配音是：「明天的工作，沒有幹勁啊；人與人的交流，好想放棄啊；今天也熱死了，什麼都不想幹；救命，我不想做人啦！」下面的評論是清一色的贊同，紛紛表示：「這不就是現實生活中的我嗎？」

一週內，只有週五晚上下班時比較興奮。週六一早，明明假期剛剛到來，卻有了後天就要上班的恐慌感。工作日從早晨就開始犯睏，吃午飯時才能清醒，下午繼續迷糊，只有晚上躺到自己的小床上，才覺得這一天真正地到來了。

對工作，我們有時會感到厭倦，這時，不妨到深夜的街頭走走，你會在那不起眼的角落裡發現生活的真相。正如網上曾廣泛分享過的一張凌晨時間表：

１：００　賣水果的婆婆準備收攤了。

1：30　外賣小哥還在給加班的上班族送宵夜。

2：00　在飯局上應酬半宿的中年人才剛回到家。

3：00　值班的護士正在全力配合搶救剛送來的病人。

3：30　貨車司機已經整裝待發。

4：30　賣早餐的婆婆推著餐車，吃力地穿過狹隘的街巷。

5：00　喚醒城市的清潔工走上蕭瑟的街頭。

那個剛結束三次排澇救援、坐在馬路邊上就地吃「晚餐」的十九歲的消防員，一旁的同事問他：「包子好不好吃？」

「嗯！」

「第幾個了？」

「第十一個！」

那個年輕的醫生，從早上九點一直忙碌到第二天凌晨三點，連著做了四台手術。做完最後一台手術的他，還沒來得及換下身上的手術服便癱倒在地上睡著了。

這樣的例子太多太多。無論何時何地，這個世界上總有在奔波著的人。我們既沒有哪吒的風火輪，也沒有孫悟空的筋斗雲，只能腳踏實地，慢慢地前行，穩穩地走。牢記工作中的艱辛，然後帶著它繼續上路。那些痕跡，便是我們活過的證據。

不要輕易向工作中的艱辛低頭，我們可以假設生活只是一場妙趣橫生的冒險，就像愛麗絲突然闖入仙境中那般，蜥蜴可能龐大如蛇，但蘑菇也會為你遮風擋雨。

共勉！

寧願走得慢點，也別讓浮華遮住雙眼

很多時候，我們迷茫並不是因為找不到前進的方向，而是因為在煩亂的腳步中迷失了自我。

有個姐姐拿著我寫的書跑來找我簽名，簽好後我們坐在咖啡館裡閒聊，她好奇地追問我：「你是一直都有出書的想法，所以現在時機成熟了就出了本書嗎？接下來你還會繼續寫文章，繼續出書嗎？」

我一時被問傻了。

其實，從新書出版到現在，我一直處於「失落期」。我不知道自己這是怎麼了，出書明明是我一直期待的事情，可為什麼真正實現這個願望之後，我卻並沒有那麼快樂呢？我每天只是惶惶不安，除了不斷地刷新各平台的銷售數據，以及跟別的作者比拚新書銷量外，好像對其他一切事情都失去了興趣。

那個姐姐的突然發問，使我第一次認真地思考起一個問題：出書這件事對我而言，真正的意義在哪裡？

堅持寫作並且最終出版一本書，不僅僅是我的一個人生目標，更是我內心多年來堅守的信念。我心底一直有個聲音在吶喊：「有一天你一定可以出版屬於自己的書的，五年不行就堅持十年，三十歲做不到四十歲總該能行。」出書這件事已經融為我生命的一部分，我始終堅信我能實現它，所以將大部分精力都傾注到了這個明確的人生目標上。而當有一天它真的實現了的時候，我反而不知道接下來的路該怎麼走了。

「如果你可以為了一個目標，活了三十年，那麼當這個目標完成以後，你又會為什麼而活呢？」這是電視劇《沙海》裡吳邪對蘇難說的話。聽到這句話的時候，我的心臟狠狠地抽痛了一下，感覺這句話就是說給我聽的。

我從來沒有想過，有一天竟會迷失在自己的人生規劃裡，這聽上去真是挺諷刺、挺悲哀的。

「活著的意義」，並不是只有哲人才會探究，如你我一般的凡人也會。我們常常會在人生的某一個時刻、某一個階段突然感到疲憊，或身體，或心靈，對自己一直以來堅守的信念產生動搖，進而變得情緒低落。

作家畢淑敏曾回答過這樣一個問題：你是怎樣度過人生的低潮期的？「安靜地等待。好好睡覺，像一隻冬眠的熊。鍛鍊身體，堅信無論是承受更深的低潮或是迎接高潮，好的體魄都用得著。和知心的朋友談天，基本上不發牢騷，主要是回憶快樂的時光。多讀書，看一些傳記。一來增長知識，順帶還可瞧瞧別人倒霉的時候是怎麼挺過去的。趁機做家務，把平時忙碌顧不上的活都抓緊此時幹完。」

細細品味，她所說的這個度過人生低潮期的方法，其核心就是去做那些能讓自己平靜下來的事情。很多時候，我們迷茫並不是因為找不到前進的方向，而是因為在煩亂的腳步中迷失了自我。

我找出剛出書時粉絲們幫我做宣傳的圖片，有個人寫道：「你說你的愛好是寫作，可看著你那人數少得可憐的讀者群，我不只一次地勸你要學會面對現實。謝謝你沒聽我的胡言亂語，謝謝你的堅持，謝謝你沒有為了活成別人喜歡的模樣而丟失自己。」

再次看到這段話，我依然熱淚盈眶，它讓我想起過去那個名不見經傳卻依然堅持寫作的自己。那時候，寫文章對我而言是最簡單的愛好，看著自己的作品在各個網絡平台上傳播，我只會由衷地歡喜。可是，慢慢地，我越來越在乎閱讀量，越來越在意那些糟糕的評論，寫作除了帶給我快樂之外，也開始給我帶來精神上的痛苦。再後來，我出了自己的第一本書，本以為我會獲得簡單的歡喜，可實際上卻令我在迷茫的深淵中越陷越深。

有人說：「不要因為走得太遠，忘了我們為什麼出發。」那個姐姐隨口提出的一個問題，讓我開始靜下心來思考今後該走的路。當我試著追憶自己最初的那份心情時，才明白，前進的方向一直都在，只不過我被浮華的名利暫時遮住了雙眼。

路邊的風景，只有在慢下來的時候才能觀賞得真切。當你感到迷茫、浮躁的時候，不如暫時停下腳步，想想當初內心的那份樸實和純粹，問問現在的自己是否還如當初那般快樂。在所有快步前行的日子裡，希望你能隨時停下腳步，尋一尋曾經的自己。

我們都是普通人，偶爾的脆弱並不丟人

成年人的憂傷其實很多時候就是這般的靜悄悄。
他們靜悄悄地感受壓力、煩躁、悲傷、痛苦，
再一個人靜悄悄地消化這些情緒。
可能再深刻的詞語也無法更好地形容這些，
但只要是有過相同經歷的人，便一定能懂。

午夜的肯德基店內，鄰座的男孩正在背英語單字；臨窗的情侶正甜蜜地依偎在一起用手機看電影；另一邊的女士正在自拍；而角落裡的那個男人則戴著耳機，邊看電腦邊回覆電話工作著。這時，一個小朋友在走道上玩耍時弄灑了一杯飲料，濺落的果汁弄髒了角落那個男人的白色運動鞋，小孩不知所措，男人則拍了拍他的頭表示沒關係，然後繼續手上的工作。

那通電話他打了將近半個小時，撂下電話之後眼睛也一直盯著面前的電腦。隔了很久我再次抬頭看向他，他依然保持著那個姿勢，白色運動鞋上的污漬早已被空調烘乾，顏色更深了。

不多時，男人的手機又響了，他再一次接起電話，只見他眉頭緊鎖，對著電話那端說了很多遍「對不起」。電話掛斷之後，他的手指又開始飛快地敲擊鍵盤。

周圍已經來來往往更換了好幾波人，背單字的男孩開始收拾書包，臨窗的情侶早已離開，自拍的女士不知何時已停止自拍，正趴在桌子上睡覺，我也繼續埋頭打字。

又過了一會兒，店員問我是否可以將桌上的餐盤收走。思緒再次被打亂，我很自然地將目光投向男人的方向，這一次他終於沒有打電話也沒有看電腦了，而是將雙手握成拳支撐在額前，低垂著頭，給人一種頹喪感。

我不知道這一晚在他身上究竟發生了怎樣的故事，但他周身散發的陰鬱之氣感染到了我。他就靜靜地坐在那裡，保持著同樣的姿勢……。

成年人的憂傷其實很多時候就是這般的靜悄悄。他們靜悄悄地感受壓力、煩躁、悲傷、痛苦，再一個人靜悄悄地消化這些情緒。可能再深刻的詞語也無法更好地形容這些，但只要是有過相同經歷的人，便一定能懂。

那個男人離開的時候，我電腦裡的音樂播放器正在播放林俊傑《裂縫中的陽光》：「心臟沒有那麼脆弱，總還會有執著；人生不會只有收穫，總難免有傷口。不要害怕生命中不完美的角落，陽光在每個裂縫中散落……。」

我看著他離去的背影，突然想起自己深夜加班時受過的委屈，那是一種需要掩面極力控制，才能勉強不讓淚水流下的委屈。

當時已是深夜十一點，方案來來回回修改了好多次，我的耐心在一點點地耗盡，特別想衝到對方面前發脾氣，可最後說出口的，還是一個「好」字。只能安慰自己：改就改吧，畢竟他們是要付錢的。可消極的情緒怎會那麼容易消化？

回到家中，原本打算拿瓶酸奶喝，可開冰箱門的時候卻不小心撞翻了擺放在下層的盒裝巧克力。盒子裡的巧克力球隨即脫離凹槽，以致我無法嚴密地合上蓋子，不得不打開蓋子一粒一粒地將巧克力歸位，結果擺著擺著就開始落淚，委屈得連我自己都覺得莫名其妙。

這就是一些成年人的世界，很多陽光溫暖、笑容燦爛的白天，都伴隨著咬緊牙關才能熬過去的深夜。

前段時間見了一位關係很好的朋友，從她最近的社群動態可以看出，她近來過得並不是很好。關心的話不知從何說起，躊躇良久，最後只是問了她一句：「最近，你還好嗎？」她看了看我，嘴角帶著苦澀的微笑，原本以為她會跟我抱怨一通，然而，她只是說：「我給你講個笑話吧！」這不著邊際的回答讓我有些意外，我遲疑地點點頭：「好啊！」

「企鵝和北極熊是一對好朋友，但他們住的地方相隔太遠了，只能通過電話或者微信聯繫。有一天，北極熊特別想念企鵝，便給企鵝打了通電話說：『企鵝，我太想念你了，你來看看我吧。』企鵝想了想，略帶歉意地回答：『我的好朋友，我也特別地想念你，但我太南了』。」

她講第一遍時我沒聽懂，她便又強調了一次：「我太南（難）了。你剛剛不是問我最近怎麼樣嗎？」我這才聽懂她的意思，忙不迭地附和著笑起來，可是她看著我，卻突然控制不住地流下了眼淚。

她告訴了我那段時間她身上發生了什麼：家人生病住院，工作上受排擠，戀情遭遇危機。我也是後來才從別人的口中得知，「我太難了」是當時網絡上的流行語，它背後的意思是「我壓力真的很大」。原來，好友本想用這樣一種詼諧幽默的方式向我展示她的堅強，可卻收不住突然奔湧而來的情緒，在那一剎那潰不成軍。

電視劇《小歡喜》裡面，有一段方圓痛哭的戲。方圓四十五歲，在工作中沒有太大的野心，一直以來也是勤勤懇懇。在公司完成並購之後，原本以為自己會升職加薪的方圓，不曾想反而失了業。突然變得無所事事的方圓，為了不讓家人擔心，便隱瞞了失業的事實，每日依舊按時出門，然後到商場消磨時間，甚至因此引起了商場保全的注意。

看起來頗具喜感的電視劇片段，卻真實地演繹出中年人心酸的一面：尷尬的年紀，上有老人需要照顧，下有孩子需要養育，既不敢生病也不敢輕易顯露情緒，失業這種大事更是萬萬不敢說出口的。

方圓表面上看起來還和以前一樣，整日裡嘻嘻哈哈的，看似沒心沒肺、毫不在意，可在一次喝酒的時候，他無意中得知了作家金庸先生去世的消息。這消息像條導火線，那一刻，長久積壓在心頭的情緒決堤般奔湧而出，悲從中來的方圓坐在家門口失聲痛哭。

我也失過業，所以那種感覺我瞭解，即使嘴上說著不在意，可自己心裡這關還是很難過得去的。待業的時間越久，心裡的焦慮感便越濃重，慢慢地甚至會出現各種自我否定的負面情緒。中年人在面臨失業時會更為煎熬，他們處在一個尷尬的年紀。失業意味著經濟上將會面臨巨大的壓力，車貸、房貸、子女的教育費用，以及父母的贍養問題等，需要花錢的事情接踵而至，就算家庭足夠富裕，沒有所謂的「經濟壓力」，精神上的壓力也很容易將人壓垮。

工作對於一個中年人而言究竟意味著什麼呢？僅僅是一份工作嗎？肯定不然。它或許更像是一種心靈上的寄託。對於有著沈重家庭負擔的中年人而言，工作是他們找尋自我的真正出口，既是自我價值的體現，也是獲得自我肯定的最直接路徑。

不同的年齡段會有不同的在意點，不同的年齡段也會面臨不同的失意。年少時我們可以放聲哭泣，可隨著年齡的增長，我們好像越來越恥於流露自己脆弱的一面，總是拼命壓抑自己的悲傷。可是，我們終歸是有血有肉的普通人啊！喜怒哀樂本就是人類的本能，我們何苦這樣為難自己呢？要知道，當內心不再積滿消極的情緒時，我們才能活得更好呀！

所以，親愛的朋友，當你無能為力時，就找個合適的時機痛痛快快地哭一場吧！那一刻，別再想什麼「成年人該有的樣子」，你就是你！

學會輸得起，方能減緩內心的壓力

很多事情上，我們都太想贏了，給自己的壓力也太大了。其實，如果感覺現階段實在贏不了，那麼學會輸得起便好。

週末一早我跑去商場的電影院看了部電影，電影結束時還不到十一點。搭電扶梯下樓的時候，我聽到一陣吶喊聲，順著聲音望去，只見七八個五六歲的萌娃正騎著兒童滑步車比賽呢。出於好奇，我臨時改變了路線，轉身跑去兒童遊樂區看他們比賽。

比賽很快結束了，圍觀的人群開始散去，就在這時，賽道旁卻突然傳來一陣哭聲。孩子的媽媽小跑過去，一把將他抱進懷裡，連哄帶騙地把他從兒童滑步車上抱了起來，一直溫柔地說：「沒事沒事，你已經很棒了。」顯然，這個孩子在剛剛的比賽中輸了。

這時，遠處走過來一個胖一點的孩子，他有些好奇地看向那對母子，然後問了句：「他怎麼了？」那個被抱著大哭不止的孩子只是瞄了他一眼，就繼續趴在媽媽肩頭大哭。孩子的母親倒是很溫柔，耐心地解釋道：「他因為剛剛的比賽沒發揮好，傷心了。」

胖胖的小孩看了看比賽場地，然後字正腔圓地說道：「沒事沒事，我媽媽說了，比賽不應該只在乎輸贏，重要的是要享受它的過程。」那位媽媽也附和道：「你看小哥哥都說啦，比賽不應該只在乎輸贏的啊，你剛剛的表現媽媽都看在眼裡了，真的特別棒呢！」

小男孩的哭聲終於變小了一些，他好奇又膽怯地看向那個胖一點的孩子。「你要不要再和我比一場？」胖胖的小孩提議。小男孩想了想，點了點頭，哭聲也停住了。

比賽很快開始了，那個胖胖的小孩雙腿滑動的時候整個身體都在跟著顫抖，他臉上的笑容卻格外天真爛漫，圍觀的人們也不自覺地跟著笑了起來。比賽結果很快出來了，小一點的男孩險勝，他臉上終於露出了笑容。而一旁輸了比賽的胖胖的小孩非但沒有一絲失落，反而特別開心地誇讚起自己剛剛的「對手」來。

他對小男孩說：「你真棒哦！昨天我贏了剛剛獲勝的那個小子，今天你又贏了我，你才是我們當中最厲害的。」聽完，那個小男孩更開心了，一蹦一跳地朝著他的媽媽跑了過去。

我看著那個胖胖的小孩，既欣慰又驚訝，真不敢想像那樣的話竟然出自一個五六歲的男孩之口，尤其是他看待輸贏的態度，讓我一個成年人都自愧不如。

其實那段時間我正處於工作的低谷期，一直被否定的方案以及主管略帶失望的語氣都成了無形的壓力，壓得我無處遁形。我真的太想做好那份方案了，並且也付出了非常多的努力，可結果卻並不盡如人意。我感覺非常委屈，很多次都想發洩自己的情緒，甚至想向主管怒吼：「我已經做得很好了啊！你為什麼就是不滿意？」可實際上我什麼都沒有說，也沒有對誰發脾氣，但內心的壓抑卻日漸累積，直到遇到這個胖胖的小孩。

我在一個五六歲的男孩身上看到了一個人對待輸贏應當持有的最好的

態度，那就是任何時候都要輸得起，這樣我們才能在輸的同時釋放內心的壓力，進而以更好的狀態迎接新一輪的挑戰。

網上有一份詳細的「失敗清單」，用來教人們如何「失敗」，在這份清單中，我最喜歡的是第一條和最後一條，它們分別是「用自己的方式，盡情地失敗一次」和「從你的失敗中學習」。

我們從小就是在「失敗乃成功之母」的座右銘鼓勵下長大的，可真正能夠認清「失敗」的人卻並不多。很多事情上，我們都太想贏了，給自己的壓力也太大了。其實，如果感覺現階段實在贏不了，那麼學會輸得起便好。

最近看了北大教授戴錦華在參加北大中文系二〇一八年畢業典禮時的演講，她說了這樣一段話：「曾經說過，也許人生的第一課，也是畢生之課，是學會輸得起。輸得起，是當年我步入高考考場時的自勉，也是我一生的功課。我說過，輸得起就好。我仍要說，祝你們成功，如果你們不甚成功，甚或落敗，那麼，輸得起就好。」

我想把這段話送給親愛的你們，以此共勉。

盲目聽信他人的言論，只會給自己的人生留下遺憾

新媒體的傳播速度又放大了言論的影響力。於是，大家慌忙「站隊」，用別人的言論來表明自己的立場，可仔細想想，這樣隨手拿來的思想真的可以代表你自己嗎？

和幾個大學同學聚完餐後一起逛街，陪其中一個同學買了支口紅，是很漂亮的西柚色，塗到唇上之後她整個人的氣色都提升不少。逛累了我們便到肯德基買了幾杯果汁，邊喝果汁邊聊天。

L對我們幫她挑選的口紅很滿意，對著小鏡子臭美地在唇上塗塗抹抹，約定下次買口紅時還要帶上我們。我低頭偷笑，眼睛無意間瞟到我的

果汁吸管上的口紅印，順勢往她們幾個的飲料吸管上望去，也是如此。我抽出那根沾了自己口紅的飲料吸管，跟她們講起了我人生中購買的第一支名牌口紅的故事。

我人生中第一支名牌口紅花費了近三百元，對當時一個月只有一千八百元實習工資的我來說，這口紅絕對算是一件奢侈品了。當時之所以狠下心買它，是因為在網上看到一篇文章，文章的大致內容是說，昂貴的口紅不會脫色，不會沾杯，用它會提升女孩子的自信心。如今的我是沒辦法把口紅價格和自信心聯繫到一起的，但在當時，那個涉世未深、對行銷工作一竅不通的我，就那麼輕易地被蠱惑了。

後來，我陸陸續續又買了很多支名牌口紅，可每一支都跟那個作者所說的「廉價口紅」一樣，會脫色，會沾杯。多年塗口紅的經驗告訴我，要想讓口紅不沾杯，關鍵是在最初塗的時候下功夫，比如塗好後要用紙巾抿掉口紅的浮色，或者再塗一層蜜粉定妝。說到底，當年的我就是被那個作者所講的故事蒙騙了。

朋友們笑著聽完我講的故事，紛紛感慨廣告文案的厲害。

不過，我雖然當初上了廣告文案的當，但也並不是完全沒有收穫，起碼我開始思索一個問題：當別人向我們提出某個觀點的時候，我們是否應該不假思索地全盤接收？

我第一次跟團旅行是去長白山。登山那天，一大早天就暗沈沈的，當我們趕到山腳的時候，天空已經開始紛紛揚揚地飄起小雪花。導遊叮囑了集合的時間後，一車人便散開各自登山。當時已進入農曆十月份，天氣本來就挺冷了，因突然降雪，溫度又下降了很多，地面很快結起冰來，再加上周圍的能見度越來越低，上山的路變得異常艱難。

旅行團中有一個較胖的光頭大哥，因其聲音洪亮、性格粗獷，所以我對他印象很深。當時他一路都跟在我身後。我和一個姐姐臨時搭伴，一路攙扶前行、互相鼓勵，爬得還算順利。可那個光頭大哥就沒這麼幸運了，他體形本就臃腫，走起山路更是步履維艱，時不時就會摔倒在地。雪越下越大，伴隨著山中凜冽的寒風，我們埋頭緩慢地向上爬著，誰都不再說話，只有台階上依稀可辨的數字提醒著我們：離山頂越來越近了。

大概爬到一千三百多階的時候，身後的光頭大哥停了下來，用他那標誌性的大嗓門和一位正往山下趕的遊人攀談，問對方自己的位置距離山頂還有多遠。對方怎麼回答的我沒聽清，不過那人剛一離開，光頭大哥就朝著我們喊了起來：「距離山頂還遠著呢！看這架勢，應該馬上就要封山了，我不爬了，先回去了，實在不行你們也趕緊下來。」

我和同行的姐姐沒有因為他的話而退縮，反而加快了前行的步伐。就在光頭大哥和我們分開後不久，我們便抵達了山頂。那時我才發現，原來登山的台階總共只有一千四百四十二階，那位大哥只要再堅持一會兒就可以登頂了，可他在最後一刻放棄了。不知道那位大哥是否會遺憾，遺憾當時因輕信別人的言語而草草地選擇了放棄。

不可否認，當別人熱心地為你出謀劃策時，通常是帶著真心實意的「為你好」的心思。但每個人的情況不同，那些「為你好」的建議並不一定適合你，也不一定正確。

一個婚姻不幸的人，很難說出「婚姻是美好的」這句話，因為以他的親身經歷來看，婚姻就是不幸的；一個中途放棄學彈鋼琴的人，很可能只會對別人訴說練琴究竟有多苦、多難。所以，很多人都是根據自己已有的經驗給出對他人所謂的「建議」。如果這類並不完全正確或者不完全適合當事人的「建議」，被當事人不假思索地採用，他們就很可能會錯過人生的種種美好。

在網路時代，大家的各種言論以最大程度擴散，新媒體的傳播速度又放大了言論的影響力。於是，大家慌忙「站隊」，用別人的言論來表明自己的立場，可是仔細想想，這樣隨手拿來的思想真的可以代表你自己嗎？

為了能更好地適應群體生活，我們從小就被教育要合群，不要特立獨行。殊不知，在充當「大多數」的過程中，我們正在慢慢喪失自己的個性。

很多時候，我們總因盲目聽信別人的言論，而丟失了自己獨立思考的能力和一直遵從的價值體系。所以後來，當再有朋友就自己人生的某一抉擇向我尋求建議時，我都會先客觀地幫他分析事情的本質，然後讓他自己做最終的決定。因為我知道，如果說服對方全盤採納我的建議，那他不過是在用時間檢驗建議的對錯而已。任何事情，行與不行，能與不能，只有自己選擇並且認真嘗試之後，才會產生清晰而深刻的認知。

人生的經歷是誰也偷不走、搶不去的財富。對於他人的言論，最好的處理方式是只信一半，另一半留給自己去思考，在權衡利弊後得出最適合自己的處事方法。

警醒起來吧，當你失去獨立思考能力的那天，你，將不再是你！

勇敢戰勝負面情緒，才能得到眞正的幸福

當你情緒崩潰，以為全世界只有你最不幸的時候，
其實世界上還有很多人有著各種各樣的苦惱。
大家的痛苦雖然不同，但至少你不是孤單的。

七月中旬的時候，我感覺自己好像抑鬱了。

那時候我剛剛結束漫長的感冒，又在醫院陪護了一個禮拜，一直處於恍惚狀態。在很長的一段時間裡，我都感覺不開心、心情壓抑、胸悶，並且喜歡嘆氣。一集綜藝節目總是看不完，聽歌五分鐘可能又會跑去看小說，結果又是只堅持了五分鐘而已。我非常需要人安慰但又非常不想見

人，最重要的是，我控制不住自己的情緒。

印象最深的是某天坐公車，胸口又堵又悶到想流淚，淚水便真的一點都不受控地流了下來。毫不誇張地說，那種感覺真的很像小時候尿床，完全控制不住自己。一旁的老奶奶注意到我的異樣，連忙站起身讓座給我。

那一段時間我做了很多如今想來很是幼稚的傻事，比如在睡不著的深夜在社群貼上長篇感悟文，又在次日醒來後慌忙地刪掉。

我在微博上問：「最近感覺有些控制不住自己糟糕的情緒了，你們都是怎麼控制情緒的呢？」下面有很多回覆：有人會開車出去兜風；有人會到ＫＴＶ聲嘶力竭地吼一吼；有人會逛商場，用消費來發洩情緒；而有人則更願意躲在角落裡靜靜地療傷；當然，也有和我一樣發出疑問的小夥伴。從話題的熱議程度不難看出，其實很多人都有過這種被情緒控制的瞬間。

我不會是得憂鬱症了吧？這是我那段時間最擔心的事情。一直覺得抑鬱離我很遠，我很不願意承認自己會和它沾上邊。我在網上找了個憂鬱症自我檢測表進行測試，測試的結果為二十五分：重度憂鬱症，科學與否暫且忽略，但這個測試結果確確實實讓我變得更加鬱悶了。

那些天，我主動聯絡了很多久不聯絡的朋友，原本是想和對方聊聊天，從而緩解一下自己的情緒，但現實情況往往事與願違。可能因為做慣了傾聽者吧，我沒辦法直白坦誠地開口對別人訴說，總是在聊天的過程中不知不覺變成了傾聽者——那個為別人排憂解難的人。

朋友告訴我，他正處於事業的瓶頸期，整夜整夜地失眠、焦躁，甚至失控，總是控制不住地想向家人發脾氣。

原來不只我一個人有控制不住情緒的時候啊！

雖然我的壞情緒沒有立刻排解掉，但我在安慰他的過程中漸漸找到了自癒的方式。我開始嘗試一種全新的緩解情緒的方式：關掉房間裡的燈，躺在床上，身體呈「大」字形，放鬆下來，盯著房頂的螢光星星，聽著舒緩的音樂旋律，很久之後，我終於平靜地進入夢鄉了。

那一晚我睡得異常香甜。第二天是個大晴天，拉開臥室的窗簾，當陽光透過窗戶照進來的時候，我感覺自己痊癒了。

原來，最終讓心靈得到救贖、情緒得到緩解的，並不是什麼了不起的東西，只是想法的改變而已。

痊癒的那天，我又再度貼文，說了一段話，描述了最近一段時間自己的反常行為，第一次正視自己的狀況。一位很久沒有聯絡的朋友在我發了那段話之後，主動聯繫了我，她說自己因為工作壓力太大也一度出現過情緒崩潰的狀況，所以我的心情她都懂。她勸誡我要適當地放鬆自己，擺脫壞情緒，並且和我分享了很多調節心情的方法，比如做瑜伽、慢跑、游泳、聽一些舒緩的輕音樂等。

所以你看，當你情緒崩潰，以為全世界只有你最不幸的時候，其實世界上還有很多人有著各種各樣的苦惱。大家的痛苦雖然不同，但至少你不是孤單的。直接面對糟糕的境遇，並且勇敢地戰勝負面情緒，就能夠得到真正的幸福。

跳出舒適圈，你將看到生命的無限可能

當你不斷擴大自己的能力邊界，不斷地突破自己，或許就會發現自己其實可以變得更好、更優秀。

我的一個朋友在不久前換了份工作，那是她畢業後的第二份工作。其實早在一年前，她就有了換工作的想法，不過由於工作技能單一，她覺得即使換工作也可能只是換到其他同業公司的相同工作崗位，與其大費周章地換工作、換主管、換同事、換工作環境，還不如就這樣湊合著。

她對工作的不滿就這樣輕易地被壓制了。當時，我雖然不贊同她的做法，但卻可以理解：與其面對換工作所帶來的大量問題與損耗，反倒是目前穩定的狀態更讓人覺得可靠。

然而，她最終還是離開了，只因她工作出色，比別人多漲了幾百塊工資，曾經天天一起吃午飯的幾個同事開始冷落她、排擠她，甚至在背後講她的壞話。當「舒適」變得「不再舒適」，曾經留戀的穩定也變得脆弱無比，再三考慮之後，她遞交了辭呈。雖是輕描淡寫地一帶而過，但其實我知道她在辭職的過程中掙扎了很久，久到甚至可以以「年」來計算。

原本我並不能夠理解她的糾結點——既然不喜歡自己做的工作，那就趁早離開啊，為什麼要拖拖拉拉地耗著呢？

直到某天，她對我說了這樣一番話：「你知道我家是有三個孩子的，我父母並不能完全照顧到我們三兄妹，我必須為自己的人生打算。我之所以害怕改變，歸根究柢是因為害怕失敗，害怕失敗了沒有人給我支撐。」

她的這番話一下子把我點醒了。這其實更像是我們大部分人的人生常態，不顧一切後果、想做就敢去做的人，總是人群中的少部分，糾結、掙扎，遲遲不敢向前踏出第一步，才是多數普通人內心的真實寫照。

她的故事仍在繼續著，講講她的近況吧。

換了工作之後，她就職於一家同類型公司，擔任總經理助理，同時還接手了一份業務性工作，一人做著兩人份的工作，忙碌的同時卻也充實。漸漸地，她憑藉出色的能力被直屬主管重視，在她的爭取之下，獲得了外派上海的機會。她的人生在自己不斷的選擇中慢慢改變著，向著更好的方向前進著。

如今的她已經敢於去做出更多的改變，因為她在選擇與改變的過程中看見了自己人生更多的可能性。

「跳出舒適圈」是近年大火的一句話，但說起來容易做起來難。試想，如果現實足夠美好，我們真的可以付出最少的努力來獲得足夠多的快樂，那跳出舒適圈好像真的挺難的。

換個角度想想呢？所謂的「舒適圈」大部分時候只是人們目前眼見和所能想像到的舒適，如果不去打破這種舒適，又怎能看到自己人生更多的可能性呢？山那邊究竟是山，是海，還是平原，我們需要親自去看看才能知道。

生活其實往往就是如此，當你不斷擴大自己的能力邊界，不斷地突破自己，或許就會發現自己其實可以變得更好、更優秀。

沒有什麼能限制和定義你的人生，除了你自己。其實我們並沒有那麼害怕跳出舒適圈，只是缺少一點推動自己改變的原動力。被逼無奈也好，自主選擇也罷，它都需要我們堅定起改變的決心，然後勇敢地向前邁出去。要知道，你的未來就掌握在自己手中，跳出眼前狹小的舒適圈，你將看到生命的無限可能。

No.2

人生從來沒有固定模式，

所有的清單都該私人訂制

別因爲條條框框，在感情裡畫地爲牢

在感情世界中，有很多人總是喜歡畫地為牢，為自己也為他人安上許多條條框框，這就導致他們總是想要開始卻又不斷地拒絕，迅速開始了卻又輕易地選擇結束。

我問好友L：「最近身邊有沒有合適的男生出現？」她很堅定地回答沒有。追問原因，她的理由倒是格外充分：「你是知道的，我長得這麼『結實』，找對象肯定要找身高一百八十公分以上的，如果不符合這一點要求，我是真的沒辦法和對方繼續相處下去的。」

對於她這種說法，有些男生可能會想：「現在的一些女生可真現實，個個要找一百八十公分以上的男生做男朋友，那我們這些不足一百八十公分的男生就不配有女朋友了嗎？」實際上部分男生也會挑剔，想要女朋友溫柔些、漂亮些、身材好些，再現實點的話，最好能夠跟自己門當戶對。

在這個腳步匆匆的時代，「高速、高效」也成了部分男女交往的先決條件。他們習慣性地把擇偶條件率先擺到檯面上，符合基本條件者可以進一步發展，條件不符者立馬揮手說再見。

小C經朋友介紹認識了一個男生，兩人在微信上聊了兩個多月，那些日子裡，她每天都眉飛色舞。她跟我講，那個男生的微信朋友圈裡內容很少，只有幾則他轉發的商業新聞，但聊天時，他講話彬彬有禮且條理清晰，會在工作上給她非常中肯且有建設性的意見。並且對方很細心，僅透過她發的朋友圈定位便給她郵寄了禮物。她覺得對方身上有著同年齡人中少見的睿智與魅力，對那個男生十分滿意。

然而，過了一段時間她再跟我提到那個男生的時候，態度相比之前有了一百八十度的大轉變。原來，他們不久前相約見面了，結果男生跟她心目中白馬王子形象相差甚遠，她對此非常鬱悶。隨後，她又重述了男生透過朋友圈定位給她送禮物的事情，跟上一次不同，這次她堅持認為這是一種心細到變態的行為，讓她毛骨悚然。

我的另外一個朋友小D的情況和小C的相反。小D的現任男友最初只是她口中那個「每天只會在電梯裡偷看我，卻從不敢主動與我交談的膽小鬼」，她說她很討厭這種不主動的男生，她認為「是個爺們」就應該主動一些，而不是每天只會在電梯裡偷看。後來，機緣巧合下他們二人終於有了第一次對話，然後愛情就自然而然地在他們身上發生了。小D再提到男朋友曾在電梯裡偷瞄她的事情時，就換了口吻：「原來他當時已經那麼喜歡我了，卻又不敢表白，真是太可愛了……。」

在感情世界中，有很多人總是喜歡畫地為牢，為自己也為他人安上許多條條框框，這就導致他們總是想要開始卻又不斷地拒絕，迅速開始了卻又輕易地選擇結束。最終，只能與他人一次次擦肩而過。

有人說：「世界那麼大，為什麼就是沒有適合我的那個人呢？」很多人頭腦中的那個「適合」自己的人，是在身高、長相、性格等各方面都符合自己心中所構想出的形象，跟自己百分之百契合的人。可這樣的人真的存在嗎？

我曾買過一雙皮鞋，款式、顏色都是自己喜歡的，在店裡試穿的時候也很合腳，可穿著它走了一天路之後，我的腳後跟被磨出了水泡。朋友們都說這是新鞋普遍容易出現的問題，多穿幾次就好了。後來，在堅持穿了幾次以後，我果然覺得舒服了許多，腳後跟也不會再磨出水泡了。都說鞋子合不合腳，只有腳才知道，可很多時候我們都是透過多次的適應才使鞋子變得合腳。究竟是鞋子變了模樣，還是腳適應了鞋子，誰都說不好，但必須承認的是，在這一天天的磨合中，我的腳的確找到了最適合它的那雙鞋子。

或許這也是人與人之間的相處之道。

仔細觀察身邊那些愛情模範們，其實不難發現，長情又合適的兩個人，並不一定從一開始就是天造地設的一對。他們可能家庭條件懸殊，可能身高、外貌並不符合一些人眼中的「匹配」，可能會彼此誤解，可能也會爭吵……但難能可貴又值得我們學習的一點是，他們的心始終向著同一個方向，他們透過慢慢地瞭解、一點點地磨合，最終用時光打磨出了一致的步伐。

所以啊，我們應該承認，從一開始就能完美契合的情侶真的少之又少。在任何一段我們應該珍視的感情中，我們都應該接受對方的不完美，然後試著相處、磨合，一點點地改變，慢慢地適應。這樣，我們才能在找到對方的同時，也找到最舒適的關係。

勇敢嘗試，你會找到自己想要的生活

喜好一直在隨著經歷的豐富而發生變化。

因此，如果在年輕時便考慮太多有關「永遠」的問題，就像是為自己的人生套上了枷鎖。

我來到深圳的第一個夜晚，在華僑城創意園逛了逛，然後跟隨手機裡的導航地圖去找公車站牌，結果找著找著竟然找錯了路，於是乾脆漫無目的地瞎逛起來。路上相隔不遠便能看見掉落在地上的青芒，經過的人們早已是一副司空見慣的模樣。

走在我前面的是兩女一男，他們穿著公司制服，操著道地的粵語，一直在暢聊。不一會，只見其中一個女孩走進路邊的一家小超市，出來時腳穿一雙粉紅色的拖鞋，剛剛穿在腳上的高跟鞋被她拎在手上，三人說笑著繼續走向下一個路口。那雙粉紅色的拖鞋和她身上的公司制服極不協調，然而沒有路人對此表現出絲毫的詫異。

那一刻，我太喜歡這座城市了。

我剛畢業時很喜歡穿棉麻材質的裙子，走的是「森林系女孩」穿衣風格。那時候我最喜歡的城市是大理，在那裡旅遊的一個星期裡，我每天中午起床，白天悠閒地曬太陽，傍晚漫步在古城的石板路上，聽酒吧裡的民謠樂聲悠揚響起，夜晚抬頭可以看見漫天繁星，那種慢節奏的淳樸生活深深地吸引了我。我曾以為那就是自己想要的生活方式。

可後來，工作環境的轉變使我不得不脫掉那身看起來頗不成熟的休閒裝扮，換上另一身看起來端莊秀氣，但實際上一點也不舒服的上班套裝。然而，我還是慢慢適應了。再後來，我更是喜歡上了跟高五公分以上的高跟鞋，喜歡上了塗上口紅、「氣場全開」的自己……在不斷嘗試中，我發現了屬於自己的另外一種可能。

後來，無論是剪掉齊腰長髮，還是體驗其他我不瞭解的東西，我都願意去嘗試。因為我知道，很多東西只有嘗試過之後，才能夠真正地弄清楚我究竟喜不喜歡，又適不適合。

世事萬變，一成不變的東西幾乎不存在，就像我曾愛上麗江古城的慢節奏生活，後來又在繁華的都市生活中如魚得水，我的喜好一直在隨著經歷的豐富而發生變化。因此，如果在年輕時便考慮太多有關「永遠」的問題，就像是為自己的人生套上枷鎖。你未來將在哪裡生活，成為什麼樣的人，過什麼樣的生活，並不是此刻空想便可以決定的。每個人在不同的人生階段，都會有不同的生活方式，「擇一城終老」並不適合過於青澀的我。

當你站在人生的十字路口，不知如何抉擇，那就去嘗試吧！唯有嘗試之後，才能發現真正專屬於你的人生滋味。

十年前的你，不會想到如今的你會過成什麼樣子，就像今天的你永遠無法想像未來的你會變成什麼樣子。去追逐，去嘗試，我們的人生本就有無限可能。人生，從來無須設限！

改變糟糕的狀態，才能從迷茫的泥淖中脫身

仔細想想，誰又能保證自己的人生目標是絕對清晰的呢？
如果你找不到目標，那就直接去行動吧！
在不斷嘗試中也可以逐漸找到人生的航向。

第N次回家的時候，室友姐姐的髒衣服還堆在屋子裡，她的臥室亂成一團。那幾天，她正處於離職後的待業狀態，有大把的時間看影片、吃速食，就是沒時間打掃自己的房間。

我看著她，無奈地說：「我覺得自己很失敗，雖然常常把自己的心得寫成文章指導別人，但實際上我連我身邊的人都督促不好！」

那晚，我們促膝長談至深夜，那是我第一次探及她的內心世界。

她說：「從離職的那刻開始，一切都變了。我感覺自己好像無藥可救了。以前你批評我懶散的時候，我還會覺得不好意思，然後馬上改正；現在可好，我連羞恥心都沒了……。」

我想起看過的一部電影《不求上進的玉子》。

主人公玉子大學畢業之後沒有出去找工作，而是每天窩在家裡打遊戲、看漫畫。玉子的父親問她：「我到底是為了什麼讓你上大學的？你沒想過找工作嗎？」她聽了，不服氣地吼回去一句：「我會找工作的！」然後再小聲地補充一句：「但不是現在。」

當玉子再次抱怨社會太糟糕的時候，父親訓斥她：「不是社會糟糕，而是你狀態不對。」這一次，玉子沒有反駁。

探究玉子的內心世界，我們不難發現，這時的玉子其實跟我的室友姐姐一樣，她已經意識到自己糟糕的狀態。可也正因為意識到了這一點，她才愈加害怕融入社會，所以她寧願蜷縮在與外界隔離的甲殼裡。

只有經歷過才會明白，讓我們陷入絕望的往往不是糟糕的生活，而是糟糕的內心狀態——那種明知糟糕卻無力做出任何改變的狀態。

我喜歡一個詞——「跌入谷底」，因為它可以搭配另外一個我更喜歡的詞——「絕地反擊」。如果你自認為正在經歷人生最糟糕的時刻，那麼恭喜你，只要你想改變，並為此積極努力，下一刻就會比這一刻更美好、更幸福。

未來的人生具體應該怎麼走，只有自己能決定。我們只有從心底認同並確定某個人生目標，然後付諸行動，才可能將自己從困境的泥淖中解救出來。

很多人寧願停留在原地也不願起身行動，大抵還是因為目標不夠明確，這就是所謂的「迷茫」。迷茫的人總是不知道該何去何從，但仔細想想，誰又能保證自己的人生目標是絕對清晰的呢？如果你找不到目標，那就直接去行動吧！在不斷嘗試中也可以逐漸找到人生的航向。

我們常常知道的太多，做的又太少，行動配不上思想，對未知的恐懼又遠超過往前邁進的渴望。

想想我們的先祖，他們從森林走向草原，從採摘變成狩獵，多少人死在大自然的物競天擇中，但他們還是毅然決然地向前走。人類骨子裡就藏著瞭解世界的慾望。彼時的先祖們或許並不清楚，前進的路上會有猛獸，會有沙漠，還會有無數跨不過去的大山大河，但他們無畏，也因此為自己的後代闖出了一片廣闊的天地。而身處現代社會的我們，卻常常畏首畏尾，缺少了前人的這份衝勁。

其實我們都知道，這是一個瞬息萬變的時代。試著改變，我們才能與時俱進；試著改變，我們才能與不完美的自己和解；試著改變，我們才能以全新的姿態站上嶄新的舞台。

試著放下手機，試著走出自己的小房間，試著做一些改變，試著迎接一個充滿未知的明天吧！

掌控好人生節奏，就不怕被「剩下」

關於單身，最好的狀態莫過於像「他明天就會來」那樣期待，像「他永遠不會來」那樣生活。

有一次我突然勤勞地更新了斷更許久的微信公眾號的文章，大致講了一下自己的近況。第二天，一位許久未聯絡的老同學L突然在微信上給我發了訊息，這讓我很意外。我們已經畢業多年，最後一次見面還是在小別墅裡吃離別飯的那天，此後就變成了匆匆的路人。

回想當年一起度過的青蔥歲月，一切就像發生在昨天一般，歷歷在目，我們之間沒有一絲一毫的生疏感。我們聊了很多，有關工作，有關生活，當然也有關感情。

到了某個尷尬的年紀，情感狀態總是逃不開的話題。

L說她仍舊是單身的狀態，因為習慣了一個人，就更加不想過兩個人的生活。

「其實很簡單，我們現在更關心自己。我要開創自己的事業、實現自己的夢想，白天上班已經很累了，晚上的時間更是稀少而寶貴，我還想看書，還想看電視劇。我不想和別人『尬聊』。因為各種原因吧，總之呢，就這樣嘍！不過我想這應該是不少年輕人的普遍狀態吧！」

說到底，反正就是「剩下來」了。一如L所說，這其實是一些年輕人真實的心理和生活狀態。有很多人，不想談戀愛，更不想結婚。

有這樣兩類人。一類人覺得自己一個人很好，何必非要兩個人徒增煩惱，他們更看重自己的感受。對他們來說，只要自己足夠優秀，就有能力在合適的時間遇到一個優秀的人。愛情不是他們生活的必需品，卻可能成為他們眼中珍貴的私人收藏品。「絕不輕易出手」是他們的共同特點。

還有一類人則是受夠了愛情的苦，糟糕的感情經歷令他們對新的戀情聞風喪膽，既對別人沒有信心，也對自己沒有信心。愛情於他們而言，更像是易碎品，就像將一個價值連城的花瓶拿到手裡，生怕它會一不小心掉到地上，碎了一地。與其戰戰兢兢地經歷甜蜜後再經歷痛苦，不如一直平靜地生活。他們試圖先尋找自己，再尋找另一半。

其實，總結起來無非就是：要麼太在乎自己，要麼太在乎別人，要麼太在乎別人是不是在乎自己。

無論是嚮往愛情卻還沒遇到，還是在不斷完善自己的過程中慢慢尋找，這一代很多年輕人明顯更能掌控自己的生活節奏，一如曾在網路上紅極一時的說法：「我不是獨身主義，也不是不婚主義，我的狀態只不過是我不著急結婚。」

在倡導獨立、自主且人們更加個性化的今天，無論是愛情還是婚姻，其實都已經可以脫離經濟因素而很好地獨立存在，正因如此，它們才顯得純粹。我們期待的另一半不再只是遮風擋雨的保護傘，而是可以時刻溫暖彼此的靈魂伴侶。

於是，愛，尤其是彼此相愛，成了我們戀愛、結婚更加在乎的因素。而對於遲遲未來的感情，我們本就不必焦慮。猶記得這麼一句話：「關於單身，最好的狀態莫過於像『他明天就會來』那樣期待，像『他永遠不會來』那樣生活。」

掌控好自己的人生節奏，成為更好的自己，你一定會遇見讓你驚艷的明天。

那些打不倒你的，終將使你更強大

人總要經過不斷的磨礪才能更好地成長。
我們可能孤獨、脆弱且渺小，
但我們必須倔強、堅定且奮力地前行。
你要相信，你遠比想像中堅強。

看著手裡莫名其妙多出來的離婚協議書，我想我應該是遇上事了！那時，我用公司影印機印了一份下午要用的工作文件，取完文件整理的時候，突然發現多了份離婚協議書。

離婚協議書的開頭赫然寫著我認識的一位女同事的名字。我的心情瞬間變得複雜，而那張紙也立馬成了燙手山芋：我究竟是該假裝什麼都不知道地把它放回原地呢，還是該悄悄地送還給它的主人？放回去的話，如果再有別人看到該怎麼辦？如果我拿去當面歸還她，她又會如何揣測我呢？

糾結良久，我還是決定犧牲自己去做這個「壞」人，因為我實在不想再有人看到它，也不想那位女同事因此更加難堪。

看到那紙離婚協議書的瞬間，她嚇了一跳，明顯不知道自己是在什麼時候錯按了列印鍵。她追問我是否看過內容，我連忙搖頭——光是看到標題和開頭就已經夠讓我為難了，我怎麼還會如此八卦地去詳看內容……我逃也似的離開了。

雖是同在一間屋子裡辦公的同事，可實際上我對她的瞭解並不算多。因為這個小小的意外，我第一次注意起她來。

中午，大家圍在茶水間的高腳桌前一起吃飯。混雜的香氣充滿了整間屋子，兩個同事在聊熱播的電視劇，一個新來的實習生邊吃飯邊看綜藝節目，還有兩個年紀大點的同事在聊孩子上學的問題……這一天和以往似乎並沒有什麼不同。

然而，從僅有一牆之隔的茶水間外，一陣熟悉的聲音正在斷斷續續地飄進我的耳朵。從那簡單重複的幾句話中不難推測，那位正在鬧離婚的同事工作上出了差錯，正在挨個地聯繫客戶道歉。

就在這樣一個再平常不過的日子，窗外秋高氣爽，屋內熱鬧如故，一個人的傷心事就這樣輕而易舉地隱沒了。

想起一個網絡上的新詞，叫作「懂事崩」，其大致是指成年人的情緒崩潰，無法隨心所欲，不能當眾示弱，不能影響工作和生活，只能在確保第二天能夠休息的深夜裡獨自崩潰。很懂事，也很無奈。

「從來沒想過這種事會發生在我身上。」這是每一個正處在崩潰時刻或者已經熬過崩潰時刻的人都會有的感受。

從來沒有想過，相戀八年的男朋友，最後娶的會是別人；從來沒有想過，母親會因為摔了一跤，從此臥床不起；從來沒有想過，上次見面時的爭吵，會是和父親說的最後話語……這些，都是我身邊真實發生的事情。

年齡漸長，生活露出了它毫不溫柔的一面。

閨密開車的時候出了個小事故，事故不算嚴重，可每每提起，她還是會害怕得手抖；有個朋友在一家新公司上班後難以融入群體，為此，自己躲進廁所裡哭了很久；而獨居的我，在忘記帶家門鑰匙的那個狂風暴雨之夜，撐著高燒的病體、打著寒顫在廢棄的燒烤棚裡，委屈地流淚，一直熬到雨停。

如今，閨密依然開車，只是車技日趨嫻熟。那個朋友已經適應了新公司的工作環境，也逐漸找到了和周圍的人和諧相處的竅門。而我呢，則在每個手提包裡都放進了一把備用鑰匙。

生活還在繼續，沒有人會因為一時的煩惱與失意而止步不前。曾經從不敢想像「這種事情會發生在我身上」，但當它真的發生在自己身上了，好像也能硬著頭皮扛過去。

我曾經問過一個姐姐：「你爸爸出車禍那會，你是怎麼熬過來的？」她是這樣回答我的：「說實話，一點可以怨天尤人的時間都沒有。一邊要在手術通知書上簽字，另一邊還要配合警察尋找逃逸司機；手頭的錢不夠，還得挨個給親戚朋友們打電話借錢；同時還得不停地安撫我媽。我從來沒有想過這種事情有一天會發生在我的身上，也從來沒有想過當那一刻真正來臨的時候，我竟然還可以頭腦清晰地依次把事情處理好。那時候心裡只有一個信念：我絕對不能倒下，否則這個家就完了。」

是啊，人總是要經過不斷的磨礪才能更好地成長。我們可能孤獨、脆弱且渺小，但我們必須倔強、堅定且奮力地前行。

是啊，生活再難，也要勇敢面對啊！因為這個時候能夠拯救我們的，只能是我們自己。很多事情就是這樣，等熬過去了再回頭想想，其實沒什麼大不了。

莎士比亞說過：「黑夜無論怎樣悠長，白晝總會到來。」是的，我們都該相信，每個人的人生總會經歷這樣或者那樣的苦難，全世界七十多億人每天都在上演著各自的悲歡，沒有人活得容易。

然而，只要有目標、有方向、不放棄、肯努力，咬牙熬過深沈的苦難，生活自會給你一個滿意的答案。只要你自己足夠明亮，黑夜只能退縮一旁。請牢牢記住，那些艱難瞬間，其實都是為了讓你的人生軌跡變得深刻一點，僅此而已。

致每一個平凡而堅強的你！

愛情能否長久，取決於彼此是否相互依戀

現實生活中那些久處不厭的情侶或夫妻，
他們之間多多少少都帶著無法割捨的相互依戀感。
這種依戀根植於日常生活的小事中，
他們逐漸融入對方的生活，讓對方慢慢習慣自己的存在，
無論在情感上還是在生活中都與自己割捨不開。

社交平台上出現過一次有關「愛情保存期」的投票，我選擇了「永恆」那一項，然後看到了總體的投票情況。令我感到驚訝的是，「五年以內」這個選項遙遙領先，投給這個選項的人數超過百分之六十。這項投票的結果雖然不能武斷地作為現代人不再相信愛情的依據，但是間接說明了部分現代人對「愛情保存期」這個問題持悲觀態度。那種矢志不渝的愛，

那種天長地久的情感，也許他們仍然期待，卻不敢再奢望了。

究竟是什麼讓他們對愛情失望了？是一些人做出的不好的示範，還是另一半曾給他們造成的傷害，或者只是看多了那一對對沒有善果的愛侶們的勞燕分飛？也許都有。

在資訊爆炸的今天，每一條消息都有可能成為我們判斷一件事的依據。電影《重慶森林》中有這樣一句台詞：「不知道從什麼時候開始，在什麼東西上面都有個日期。秋刀魚會過期，肉罐頭會過期，連保鮮紙都會過期。我開始懷疑，在這個世界上，還有什麼東西是不會過期的？」

「愛情也是有保存期的。」這好像慢慢變成了許多人心照不宣的共識。因為不再相信愛情的永恆性，一些人的感情之路才變得如此坎坷。期待愛情卻又不敢戀愛的人，總是害怕某一天會分手，所以才有了那句「害怕失戀，所以單身」；而不斷戀愛的人，則會不斷地用行動證實「愛情是有保鮮期的」這種言論。在浮躁的時代背景下，我們很難再靜下心來，去聽一聽彼此的心聲——我們曾經究竟是怎樣相愛的？又為何會分開呢？

後來進入了食品企業我才知道，保存期其實並不是判斷食物等產品是否變質的唯一標準，是否變質還會受存放方式、存放環境等因素影響。當你瞭解到這一點之後，再來看愛情的保存期，也許會有新的理解：它所指的可能也只是一段感情的最佳相處期罷了。

愛情會令人快樂，也會令人痛苦，我身邊確實有很多感情失敗的例子，卻也不乏恩愛的榜樣。有時候我也會受不同的情感事件所左右，可後來我才發現，不同的情侶即使遇到了相同的矛盾，也會演變出不同的結果。這和每個人的性格、情侶間的相處方式等多種因素息息相關。

在戀愛的最佳相處期內，兩個人其實也會產生矛盾，但火熱的愛情常常會讓他們忽略那些不好的因素。當激情散去，矛盾增加，過了這段關係的最佳相處期，也就是過了「愛情保存期」，他們會很難再用充滿愛意的心去包容對方的缺點。即使沒有任何的矛盾，現實生活也會不斷地消耗彼此的感情。

有心理學家稱成熟且稱得上是「真愛」的愛情必須經歷四個階段，它們分別是「共存」、「反依賴」、「獨立」、「共生」。「共存」發生於熱戀期，情侶之間無時無刻不希望黏在一起；「反依賴」是在感情平穩之後，至少會有一個人想要獨自去做自己想做的事情，這時候另一方便會感覺在這段感情中被冷落；「獨立」是「反依賴」的延續，這時彼此會要求更多自主獨立的時間；最後的「共生」階段，雙方其實已經成了彼此最親密且不可分開的人，兩個人互相依賴、互相牽絆、共同成長。

然而，很多情侶往往是無法熬過第三階段的。

網上有這樣一個很火的句子：「黃桃罐頭保存期是十五個月，可樂要在打開後二十四小時內喝掉，吻痕大概一周就能消失，兩個人在一起三個月才算過了磨合期。似乎一切都有期限。這樣多無趣，我還是喜歡一切沒有規律可循的事情，比方說我躺在草地上看星空，你突然就掉下來砸在我懷裡。」

這裡提及的「沒有規律可循的事情」大概就是愛情中的小驚喜以及新鮮感吧。熱戀時之所以覺得愛情很美妙不正是因為彼此間的新鮮感嗎？對方的一顰一笑都覺得甚是美好。當愛情進入倦怠期之後，很多人以為感情陷入了僵局，倦了、膩了、不愛了，甚至誤以為換個人就能重獲新鮮感，殊不知那只不過是另一段無結果感情的開始罷了。很多情侶最初在一起的時候，彼此之間也是有愛的，可「愛」這東西後來怎麼說沒就沒了呢？

有人類學家及其團隊曾透過實驗得出結論，浪漫愛情由三種成分組成：慾望、吸引力和依戀。雖然各種成分之間會有微妙重疊之處，但每一種成分都有與之對應的大腦激素起作用。例如睪酮、雌激素與慾望有關，而多巴胺、去甲腎上腺素和血清素與吸引力有關，這些激素都和新鮮感密切相關。兩人之間越熟悉，與之相關的激素水平越低，新鮮感也會越少，這就是情侶之間久處會厭倦的原因。

與以上兩點不同的則是「依戀激素」，它能讓愛情持久保鮮。那麼「依戀激素」是指什麼呢？一個是「幸福激素」腦內啡。當我們運動，或者做一些能令自己產生成就感的事情的時候，便會產生這種「幸福激素」，這也是運動或做有成就感的事情會令人上癮的原因之一。

還有一個是能夠令雙方產生安全感的催產素。催產素還被稱作「抱抱荷爾蒙」或者「愛的荷爾蒙」，意指兩個人在擁抱的時候大腦會釋放這種催產素，從而使雙方產生安全感。腦內啡和催產素都屬於「依戀激素」，它們能令愛情更加長久、甜蜜。

雖然人類學家從科學的角度向我們解釋了愛情產生和消逝的原因，但它依然複雜多變，我們目前還沒有能順利解決有關愛情問題的統一方法。

現實生活中那些久處不厭的情侶或夫妻，他們之間多多少少都帶著無法割捨的相互依戀感。這種依戀根植於日常生活的小事中，他們逐漸融入對方的生活，讓對方慢慢習慣自己的存在，無論在情感上還是在生活中都與自己割捨不開。

關於「成親」，我聽過的最好的解釋是「成為親人」。有段時期，夫妻二人對彼此的稱謂除了「愛人」、「先生、太太」之外，還有「同志」這種典型的叫法。何為「同志」？「同志」即為「志同道合的人」，它相較於「寶貝」、「親愛的」這類現代暱稱顯得嚴肅，可我個人覺得它真正概括出了愛情的真諦——因志而同往，然後因彼此依靠而相守。

《小王子》一書中有這樣一段話：

狐狸說：「對我來說，你無非是個孩子，和其他成千上萬個孩子沒有什麼區別。我不需要你，你也不需要我。對你來說，我無非是隻狐狸，和其他成千上萬隻狐狸沒有什麼不同。但如果你馴化了我，那我們就會彼此需要。你對我來說是獨一無二的，我對你來說也是獨一無二的。」

或許有些人的愛情故事就像狐狸和小男孩的故事，因為共同的經營和努力而逐漸被對方需要，他們互相依戀，最後他成了她的獨一無二，她成了他的非她莫屬。或許，這才是愛情最好的歸宿。

你自律的程度，決定你人生的高度

人生拚的就是這份強大的自我約束意識與不驕不躁的態度。堅定地克制住自己不合理的慾望，才能成就更好的人生。

近一年來我胖了。新的工作地點離家很遠，我每天至少有三個小時用在通勤上；外加工作十分忙碌，經常出差或加班，鍛鍊的事自然無暇顧及，我就這樣輕易地變胖了。

慢慢變胖後，我再怎麼貪吃也沒有那麼多罪惡感了，總是用「一口吃不出個胖子」來安慰自己，開始了大快朵頤、地鐵追劇的愜意生活。

還真別說，這樣的日子好像還蠻舒服的。直到某天我在自己微信粉絲頁的後台收到一條讀者的私信，她問：「小溪，你最近很忙吧，怎麼一直不見你更新文章呀？」那一瞬間，我羞愧無比。

短暫的墮落之後，勤勞自律的小溪又回來了！我恢復了以往規律的作息。雖然通勤時間依然很長，但我逼迫自己刪除了所有的娛樂遊戲，利用坐地鐵的時間寫短文或看新聞；週末無論感覺癱在家裡有多舒服，我也會花兩小時出去散散步、跳跳繩……堅持了一個月之後，我的工作強度依然很高，卻沒了之前的疲憊感；體重依然未降，可步伐卻輕盈了不少；時間依然不充裕，卻能堅持每日更新粉絲頁的文章了。

「自律」早已是眾人耳熟能詳的詞，一提起它，很多人都會想到每天堅持跑步的村上春樹，或者某個擁有八塊腹肌、一身腱子肉的健身達人。他們無一不在告訴你：當你自律，你會成為更好的自己。但大家也都明白，自律並不是一件簡單的事情，因為人會懶，會感覺疲倦，會有那種什麼都不想做，只想舒服地癱在沙發上當個「肥宅」的時候。而自律則需要我們用意志力來對抗尋求舒適的身體本能，這整個過程一定會伴隨一定的痛苦與不舒服。

然而，如果我們向懶惰屈服，每天只知道大吃大喝和窩在沙發裡舒服地刷娛樂新聞，把健身拋之腦後；沒錢了寧願刷信用卡也要滿足口腹之欲；晚上不按時睡，早上不按時起床……長此以往，我們除了獲得膚淺的思想、臃腫的體形、累加的債務、越來越差的皮膚，還能獲得什麼？難道我們的人生就僅限於此了嗎？

人生就像一場一路上充滿各種誘惑的馬拉松比賽。一些人在途中不斷地被各種誘惑吸引，認為自己天資聰穎，短暫的懈怠並不會影響自己的意志力和最後的成績。殊不知，就在他們開始走神的時候，那些在一開始並不怎麼起眼的人，正帶著堅定的信念一路穩紮穩打地向目的地前進著，慢慢地將他們甩在身後。

所以你看，人生拚的就是這份強大的自我約束意識與不驕不躁的態度。堅定地克制住自己不合理的慾望，才能成就更好的人生。

自律究竟有多重要？不妨問問自己究竟想成為什麼樣的人，想在社會中擁有什麼樣的地位，相信你會找到答案的。

只要日子還沒過完，就別爲餘生設限

有人說過這樣一句話：「並不是每一件算得出來的事，都有意義；也不是每一件有意義的事，都能夠被算出來。」別給自己的人生設限，只管努力，人生便會出現無數種可能。

我住的小區裡有個長滿爬山虎的涼亭，一到夏天，小區裡的老頭老太太就喜歡在裡面乘涼，偶爾也會有帶小孩的年輕媽媽坐在裡面跟他們一起閒聊。

那日，因空腹坐公車，下車的時候我胃裡翻江倒海，十分難受，便順路拐進去坐了會。挨著我坐的，是一個帶著小孩的年輕媽媽，當時她正和坐在自己對面的老人聊天。年輕媽媽一邊抱怨婆婆不幫她帶孩子，一邊埋怨丈夫整天做甩手掌櫃。老人一邊頻頻點頭表示理解，一邊又以過來人的身份勸她要想得開。

末了，年輕媽媽委屈地補充了一句：「我啊，這輩子也就這樣了，我就看我女兒以後能不能有出息了……。」最後那句話讓我心裡猛地一震，我突然就想起了我爸。

小時候，我爸最常對我說的一句話就是：「我這輩子也就這樣了，可我還這麼累死累活地工作，為了什麼？還不是為了你。」那時候，我並不能理解他的情緒。多年後，當我深究其原因的時候，終於多多少少懂了一點。

爸爸出生於二十世紀六十年代，經歷過食不果腹、衣不蔽體的日子，奶奶常跟我誇他小時候很會念書。然而，家境的貧困使他只能匆匆輟學，進入工廠做工。爸爸為人實在，幹活賣力，不久就當上了工廠裡的班長，在集體生活中算是找到了人生價值。眼看日子越來越有奔頭，卻突然退休了，他激揚的青春就此落了幕。鬱鬱不得志的他，不再對自己的人生抱有期待。於是，他只能將希望寄託於我——他唯一的女兒身上。

「我這輩子也就這樣了。」這是我聽過的最糟糕、最喪氣的話。我也聽過很多類似的話。

「在大學已經荒廢四年時光了，現在努力還有什麼用？」

「三十歲了，一事無成，我還瞎折騰什麼，還是老老實實上班吧！」

「我都這麼大歲數了，無論是拚創意還是拚體力，我都不行，你說我還有什麼能力去和人家年輕人競爭呀？」

「算了吧，我再怎麼努力也趕不上×××。」

有沒有想過，你以為的「也就這樣了」的人生，如果能夠再積極一些去面對，或許就會出現另外一種可能。

有這樣一個實驗：將跳蚤隨意往地上一拋，它在接觸地面的瞬間能一下子彈跳起一公尺多高；但如果在一公尺高的位置上放一個蓋子，當跳蚤再次跳起的時候，它便會撞到這個蓋子；連續幾次之後，即使人們拿掉了那個蓋子，跳蚤也已經不能再跳到一公尺以上的位置了。這個實驗現象被稱為「跳蚤效應」。

有時候，有些人就像那隻再也跳不高的跳蚤一樣，並不是他們的跳躍能力出現了問題，而是他們用各種理由為自己編織出了一個不可逾越的

「蓋子」。在經歷了一次次的碰壁之後，他們的頭腦中漸漸形成了消極的思維方式，在「失敗」的人生面前慢慢變得麻木，即使有一天生活中已經沒了「蓋子」，他們卻再也提不起跳躍的勇氣。

有人說過這樣一句話：「並不是每一件算得出來的事，都有意義；也不是每一件有意義的事，都能夠被算出來。」別給自己的人生設限，只管努力，人生便會出現無數種可能。

我看過一個「中國最酷的老爺爺」王德順的獨白影片，這位老人的傳奇人生或許會鼓舞每一個對未來失去信心的人：二十四歲成為話劇演員，四十四歲開始學習英語，四十九歲開始當「北漂」並同時研究啞劇，五十歲開始健身，五十七歲創造「活雕塑」，六十五歲學騎馬，七十歲練成腹肌，七十八歲騎摩托，七十九歲上T台……

透過留意他的微博動態，近來我發現他又學起了溜冰與滑翔翼。王德順從來沒給自己的人生設過限，他一直為心中的熱愛而活，他的夢想一直熠熠閃光，對他而言，只要日子還沒過完，就沒有「來不及」，也沒有「做不到」。

不要畏懼失敗，摔倒了大不了爬起身從頭再來，哪怕只是向前挪動了一公分，那也是進步。

不要被年齡束縛住手腳，沒有所謂的「什麼年齡做什麼事」，只要敢想也敢做，那所有的事情都正當時。

不要膽怯地為自己的人生設限，你想要的人生只有在不斷地追求與努力之後才會開花結果。

中國央視主持人張泉靈在演講時總結了這樣一句話：「歷史的車輪滾滾而來，越轉越快，你得斷臂求生。不然就跳上去，看看它滾向何方。」其實說到底，時代並不會拋棄你，就怕你膽小地放棄了這個時代。請記住，只要人生還沒過完，就沒有所謂的「這輩子就這樣了」。

你只管努力就好，請把結果交給時間。

No.3

尋回自己本來的模樣，
你會遇見更好的自己

永遠不要爲了滿足他人的期待而活

為了贏得他人的喜歡，我們常常委曲求全，
去改變自己，去迎合別人，
有時甚至會變成自己曾經鄙視的模樣。

很多人曾跟我抱怨自己在人際關係方面的困擾。比如，入職一週了還是感覺無法適應新環境，因為同事們都對自己很冷漠；無法和大學室友和平相處，心情很低落。

我們常常有種「自己被討厭了」的感覺，如果放任這種感覺滋生，就會猶如獵物被蛛網纏住，直接影響我們的工作和生活，精神狀態也會越來越差。我高中時的一位朋友就因此患了憂鬱症，最終輟學。

如何維繫人際關係似乎成了生活中不容忽視的課題。一些精通人際關係經營之道的人，在各種場合的社交中都能做到游刃有餘，他們是生活中令很多人羨慕的人。可是你也會發現，身邊還常常會有另外一類人，他們不太擅長人際交往，看起來又傻又善良，但他們卻以純樸贏得了周圍人很高的評價，很多人也喜歡與他們親近。所以你看，人際交往真是一門讓人摸不透的學問。

說實話，我自認為不是一個很會維繫人際關係的人，否則我的青梅竹馬不會無數次地提醒我做人不能太耿直，我的表哥、表姐們也不會一直提醒我在工作、生活中該多運用一些維繫人際關係的技巧。

初入職場時，我牢記親友們的叮囑，努力讓自己變得更有眼力：面對同事臨時拋過來的工作，儘管心裡很反感，卻仍然忙不迭地應和接手；堅持以笑臉對人，儘管對方反應十分冷淡，我小心翼翼地維持著與同事們的關係，做事畏首畏尾，不敢太張揚個性。漸漸地我卻發現，不管我怎麼改變自己，怎麼討好別人，不喜歡我的人依然會雞蛋裡挑骨頭地嫌棄我。

當我發覺自己哪怕多刻意地迎合別人也無法博取所有人的喜歡，反而會助長一些人的氣燄，使他們更不尊重我時，我看開了，也放下了，於是我不再刻意改變，做回了當初那個有稜有角、有底線的自己。令我詫異的是，當我變得強硬以後，很多曾經不尊重我的人反而開始正視我了，而我也開始過得越來越輕鬆。

一個人再完美，也很難讓所有人都喜歡。為了贏得他人的喜歡，我們常常委曲求全，去改變自己，去迎合別人，有時甚至會變成自己曾經鄙視的模樣。其實，與其委屈自己去努力贏取別人不確定的喜歡，倒不如努力做更好的自己去贏得他人的尊重。

我們應該相信，如果世間的「喜歡」只是一種情感上的自然流露，那麼，「討厭」大部分時候也是一種根本不需要理由的情感。如果你曾經有「討厭某人」的時候，那就要學著接受「自己也會被某人討厭」的事實。

生活中，誰沒有個討厭的人呢？誰又能贏得所有人的喜歡呢？有那麼多人莫名其妙地就被另一個人討厭了，他們當中大部分人都沒有做什麼傷天害理的事情，可就是有人會因為個人原因而看他們不順眼。所以，如果有一天你無緣無故地成了被別人討厭的對象，那又有什麼值得大驚小怪的呢？如果你因為別人莫名其妙的討厭就患得患失、拼命迎合，那除了會招來別人更多的厭棄和迷失真正的自己外，你還能得到些什麼呢？

有這樣一句話：「你不是為了滿足他人的期待而活，他人也不是為了滿足你的期待而活。」所以，在不違背自己本心，不違背法律和道德原則的基礎上，別人討不討厭你根本不重要，重要的是你不討厭這樣的自己。

相比強行改變自己去博取他人的好感，讓自己感到舒服其實更加重要。所以，讓討厭你的人討厭去吧，總有愛你的人會陪著你一路前行！

當你過於卑微，愛情只會對你更殘酷

在經營一段感情的時候，永遠都不要迷失自我。
而我想告訴大家的是，
先學會愛自己，才能知道如何更好地愛別人。

「一對相戀十年的情侶分手，作為其中一方的好朋友，你會有什麼樣的心情？遺憾、難過，還是不知所措？你會不會因為他們感情的失敗而開始畏懼愛情呢？」以上所有的疑問，是來自我的一位讀者，她和我同齡，至今單身。那對戀愛十年後分手的情侶都是她的大學同學。作為女方的好閨密，她是見證了兩個人從相知、相戀，到分手的。

她對我說：「他倆是大三在一起的。剛開始，他倆約會怕尷尬，每次總會帶上我，我真的是他們感情最重要的見證者。後來，他們各自考上了心儀的研究生院校，開始了異地戀。我那個時候以為他們應該扛不過異地戀，會分手的，誰想到他們兩人都熬了過來。上次我去她家，發現好幾十張火車票票根，都是這些年她去看他的證據。那時我還打趣她說，這些票根要好好保存著，等兩個人老了以後再看會更覺得幸福。他倆真的是我這麼多朋友當中最令人羨慕的模範情侶。你說異地戀那麼艱難的日子兩個人都熬過來了，現在怎麼就分手了呢？」

在她斷斷續續的敘述中，我知道了故事的大概。原來，兩人的老家在一座二線城市，兩人畢業的時候原本商量著一起回家鄉的，結果男方因為接到心儀的公司的錄用通知而選擇了去深圳發展，女方則回了老家。又過了一年，女方也去了深圳發展，兩人這才開始真正地相守在一起。矛盾也是從這時候開始產生的。男方因為工作常常無暇顧及女方，而女方因為受不了這樣的冷落開始頻繁盤查男方的行蹤，矛盾越積越深，最終爆發。

「你說他們異地戀時不也是整天見不著面，偶爾才能聊上幾句嗎？她怎麼突然就受不了了呢？」這位讀者最想不通的就是這點。

其實，在這段關係中，女方始終在付出。無論是約定了一同回鄉卻被男方臨時爽約，還是女方隻身前往男方打拼的城市，抑或是女方過度計較男方對自己的關心程度，當她在這段戀情中處於從屬地位的時候，她就再也忍受不了男方對自己一丁點的不在意，再也無法做到從前的淡然處之。而她這種患得患失、歇斯底里的狀態必然會加速感情的破裂。

我忽然想起幾年前看過的一部電影《28歲未成年》，也是講述了一個女孩的愛情故事。

女主角涼夏當時二十八歲，已經與男朋友茅亮相戀了十年，涼夏每天都盼望著能早日與自己的摯愛茅亮步入婚姻的殿堂。然而，時年三十四歲的茅亮正處於事業上升期，每天為公司的事情忙得焦頭爛額，根本無暇顧及涼夏的小心思。涼夏有些著急了，為了加快與茅亮結婚的進度，在自己閨密的婚禮上，涼夏當著眾人的面向茅亮逼婚了。結果卻事與願違，茅亮不但沒能如她所願，反倒向她提出了分手。被現實狠狠地澆了一盆涼水的涼夏悲傷欲絕。在一次意外中，她的心智重返十七歲，然而身體卻沒有絲毫的變化。

此後，裝在二十八歲大涼夏身體裡的十七歲的小涼夏偶遇並愛上了一個名為嚴岩的個性青年，可二十八歲的大涼夏卻依然深愛著茅亮。

面對兩段不同的感情，涼夏本來是握有主動權的，可故事發展到後來你便會發現，戀愛中人是真的很容易喪失理智的。

十七歲的涼夏覺得嚴岩不再愛她是因為沒有得到她，所以為了輓救愛情，她願意把自己的一切給他；二十八歲的涼夏也沒有好到哪裡去，她捨棄了自己的畫家夢想成全對方的事業，被分手後卑微地哀求對方，始終不願放手，她學會了逼婚、耍賴、哭泣，丟了魂似的想要迎合對方，整個人如同一具行屍走肉，生活更是亂成一團。

原來涼夏還是那個涼夏，無論是十七歲還是二十八歲，她一旦陷入愛情就失去自己，惹煩了別人，也刺傷了自己。

無論是影片裡的故事，還是我的讀者朋友講述的有關她閨密的故事，我們能從中探尋出的是，人最弱小的時候，就是當他愛一個人愛到迷失自己的時候。一些人如涼夏一般，總是甘願在一段感情中放棄平等的地位，淪落到附屬品的位置上。

電影的最後，十七歲的小涼夏改變了二十八歲的大涼夏，大涼夏漸漸找回了那個迷失的自我，她重新拿起了畫筆，開了畫展。很多人開始認識她、喜歡她，她又開始變得自信而陽光。本來還準備和她分手的茅亮再次被她吸引，重新開始追求她，一切都向著更好的方向發展著。

導演大抵想用這樣一個故事告訴人們，在經營一段感情的時候，永遠都不要迷失自我。而我想告訴大家的是，先學會愛自己，才能知道如何更好地愛別人；懂得愛自己的人，往往也更容易獲得愛；當你過於卑微，愛情只會對你更殘酷。

學會與自己相處，餘生將遠離孤獨

每個人都走在看似相似的道路上，
可只有那些懂得自處與自渡的人，
才會活得更加自在。

我認識的一個女孩，最近滿心焦慮地跑來跟我傾訴。

她說，工作越久，越覺得孤獨。儘管有合租的室友，也只是點頭之交；儘管曾經的好友和她在同一座城市，也因生活方式的不同而越來越沒話可說。就這樣，她開始了叫外賣、吃零食、看網劇的日子，日日如此，周而復始，越發孤獨；她問我：「你好像也常常自己一個人待著，不會覺得無聊嗎？」

不久前，我的一位教授朋友也問了我一個與此相似的問題：「你這麼特立獨行，不會覺得孤獨嗎？」

我曾看過一部日本電影《被嫌棄的松子的一生》。電影裡的松子就像童話故事中慘遭不幸的灰姑娘一樣，有著令人悲憫的身世。一個偶然事件的發生讓她的人生失控，進而拉開了她悲慘一生的序幕：與作家同居—見證作家的自殺—做情婦—被情人拋棄；歡場賣笑—殺人—自殺未遂—愛上了救她的理髮師—被捕入獄；出獄時，理髮師已娶他人為妻—與昔日的學生相愛—被傷害—獨自隱居在滿是垃圾的公寓中—重新振作起來，卻被人殺死在河邊。

松子和灰姑娘一樣，都有著坎坷離奇的命運。與灰姑娘不同的是，松子遇到的「王子」們給她帶來了一個又一個的不幸。松子也曾頑強樂觀，每一次遭受磨難，她都竭力從「我的人生結束了」的悲觀狀態中走出來，努力拾起對生活的熱忱和期待。最後，她的熱情終於被耗盡了。

她不梳洗打扮，也不清理打掃，被鄰居們視為「發臭的怪物」。她成了一個蓬頭垢面的怪人：她在噩夢中大叫著跑出房間；在牆上刻下「生而為人，我很抱歉」的話語；夕陽的餘暉中，她的身影頹廢又喪氣，完全沒有了當初積極向上的模樣。電影的最後，松子終是沒有等來期待中的愛情，她只剩下一具沒有靈魂的肥胖軀體，在黑暗中與風為伍、與夜為伴。

「生而為人，我很抱歉」，松子究竟對誰感到抱歉呢？我想她最應該感到抱歉的是對她自己。她總是傾其所有去愛人，哪怕最終傷痕累累。她從來沒有想過疼愛自己。讓松子孤獨終老的人，不是那些曾經拋棄、傷害過她的男人們，也不是無情的命運，而是她那無法在獨處中學會自處的內心。她像一隻寄生蟲，離開了她的精神宿主就無法生存。

可是，人生路那麼長，沒人能時時刻刻伴我們左右，如果連獨處都做不到，我們又怎麼過好餘生呢？

猶記得之前好友小K跟我抱怨：「為什麼交了男朋友之後，我還是時常會感覺孤獨呢？」

小K原本是不著急找男朋友的，可看著身邊的朋友一個個結婚生子，慢慢地她就不淡定了，也就不再排斥周圍好友的刻意安排。她現在的男朋友就是經朋友介紹認識的，約出去見過幾次面、吃了幾頓飯，便順其自然地在一起了。

她說她覺得對方對自己還可以，雖然沒有那種特別喜歡的感覺，但在相處過程中也沒有那種討厭的感覺。想著自己在這座城市也沒什麼熟悉的朋友，她就答應了對方的交往請求。

後來可能是因為太熟悉了吧，兩人間的話題竟然開始逐漸變少，他們在一起時常常因為尷尬而沈默。她問我：「我們還沒結婚呢，就已經是這個狀態，是不是應該分手啊？」沒等我做出回答，她又自顧自地說了起來：「但其實我們倆之間也沒什麼太大的矛盾，而且我覺得他對我也挺好的，我只是……」她頓了一下，想了想才繼續跟我說：「我只是覺得有點孤獨，但如果你非要問我原因，我又說不好，就感覺做什麼都沒有幹勁。」

為什麼呢？這是她的疑問，或許也是很多年輕人共同的疑問。為什麼交往了男／女朋友之後依然感覺孤獨？為什麼明明有了依靠，遇到事情時卻還是感覺無依無靠？誰才是那個真正可信服、可託付的人？

以前讀書時，看過這樣一句話：「如果命運是一條孤獨的河流，誰會是你靈魂的擺渡人？」這和我們的疑問不謀而合，同樣都是發自靈魂的拷問。

我們都期待自己的生命中可以出現這樣的擺渡人，帶我們走出孤獨與沮喪的日子，帶我們乘風破浪，直至夢的彼岸。可就像我認識的這位女孩所經歷的一樣，她自認為找到了男朋友，即意味著找到了幫助自己擺脫孤獨的擺渡人，可現實卻是對方根本沒有能力將她送往她心中渴盼到達的那個對岸，她依然感覺孤獨。

其實，一個成熟的人應該知道：人生最好的擺渡人從來不是別人，而是我們自己。

作家三毛說：「心之何如，有似萬丈迷津，遙亙千里，其中並無舟子可以渡人，除了自渡，他人愛莫能助。」

你遇到的挫折與磨難，抑或個人情緒上的高低起伏，外力是沒有辦法幫助你的，關鍵在於你究竟是怎麼想的。當你有所醒悟了，一切也就達觀通透了；你若不願醒悟，別人再怎麼幫助你也無濟於事。

就像那個誤以為找了男朋友就可以緩解孤獨的女孩，原本以為找個伴就能緩解這種情緒，可實際上卻依然感覺孤獨。正如那句「孤獨不是在山上而是在街上，不在一個人裡面，而是在許多人中間」，我們總是誤以為孤獨是獨處時間太長導致的；一個人吃飯、旅行、看風景，走走停停，沒有人同行，所以認為只要多接觸外界，有了戀人，多了朋友，就不會再感覺孤獨了，但現實卻往往並非如此。精神世界充盈的人哪怕身居深山也不會覺得孤獨；而時常感到孤獨的人，哪怕別人牽著他的手，他亦感覺不到溫度。

人生很長，也許撞不見兵荒馬亂，但依然會有諸多的不如意時，不時地擾亂你的心房。年少時為學業煩惱，稍微年長之後會為情所困，之後還會面臨工作、結婚、生子、疾病、家庭變故等諸多事情。每個人都走在看似相似的道路上，可只有那些懂得自處與自渡的人，才會活得更加自在。

事實就是這樣，當空虛、寂寞、孤獨以浩大之勢掠奪你、壓制你時，友情、親情，抑或是愛情，的確可以起到慰藉心靈的作用。然而，總有一天你要一個人面對這個世界。世上最難的相處，其實是和自己的相處。在面對最為真實的自己的時候，更要好好地認識並接納它，是解決孤獨的根本所在。

人生漫漫，我們終要學會獨自走自己的路。只有學會與自己相處，餘生才會遠離孤獨。

用孩子的眼光看世界，你會遇見簡單明瞭的幸福

成年人的世界，忙碌中夾雜著煩惱，幸福好像沒那麼簡單明瞭。然而，我知道你心裡一直住著一個還沒長大的孩子，你亦相信這世間的美好。

去年參加的一場婚禮，我至今印象深刻。

婚禮的前一晚，我和幾個同學提前到新娘家報到。晚上，她們幾個人跑下樓去打麻將，留下不會打的我、新娘上小學的姪女以及新娘剛上高中的妹妹三人在樓上留守。

當時電視上正在播親子動畫片《新大頭兒子和小頭爸爸》，我們三個

人便很安靜地坐在床上看。當我發覺這部動畫片中多了一個我不認識的小女孩時，便出聲發問：「那個小女孩是大頭兒子的妹妹嗎？」新娘的姪女一下子來了興趣，一口氣講了一大串話，為的就是和我說明那個女孩只是這部動畫片中偶爾出現的一個人物，並不是大頭兒子的妹妹。

原本略顯沈悶的氣氛一下子活躍了起來，小姪女甚至還跑去角落裡掏出一大袋零食。不多時，我手裡就多了兩塊糖、一片薯片，甚至還有一根辣條，就因為一部動畫片，出生於不同年代的兩個人竟莫名地親近了起來。

我看著手裡的糖、辣條和薯片，傻呵呵地笑了。這感覺真好，甚至讓我回想起了兒時的鞦韆與窗外的蟬鳴——簡單、純真，沒有煩惱。

每個成年人的內心都住著一個沒長大的孩子，只是很多時候我們不想承認罷了。

就像有位哲人說的：「成人是什麼？一個被年齡吹漲的孩子。」一可相對於想哭就哭、想笑就笑的孩子，成人多是喜怒不形於色。在現代社會，成年人需要隱忍的事情越來越多。

一些成年人裝得成熟又穩重，實則內心卻很難與外在年齡同步——他們只是裝出一副世事洞明的樣子而已。一位心理諮商師曾說：「絕大多數成年人都是『巨嬰』。」是的，很多時候，我們並非外表看起來那般成熟。

義大利繪本作家碧翠絲・阿雷娜（Beatrice Alemagna）在《孩子是什麼？》（What's a child？）一書中寫道：「一粒小石子掉進水裡，小孩會哭；洗髮精弄疼了眼睛，小孩會哭；睏了，或者天黑了，小孩也會哭。他們號啕大哭，想讓大人聽到自己的哭聲。你需要用溫柔的目光來安慰他們，並且在床頭櫃上放一盞小小的夜燈。大人卻相反，他們喜歡在黑暗的地方睡覺。他們幾乎從來不哭，即使洗髮精流進鼻子裡也不哭。假如真的哭了，也只是輕輕啜泣……。」

有沒有發現，近些年中國的「六一兒童節」也成了眾多成人重視且願意慶祝的節日。我們渴望兒時的天真與美好，在這一天終於能盡情表達出來。現實逼迫我們快速成長、成熟，但我們總渴望能有一個可以讓我們的心靈棲息的地方。

兒童節，它讓我們想起童年時媽媽的臂彎、爸爸的肩膀，回想起原來我們也曾有過孩子的待遇，我們可以光明正大地索要禮物，開心時可以大笑，不開心時也可以痛哭吵鬧。那一天，那麼美好；那一天，令人懷念。

我常常在想，如果我們可以保有初心，用孩子的眼光來看待這個世界，那麼世界會不會更加美好？

日本動畫《霍爾的移動城堡》中，漂亮的姑娘索菲因為得罪了女巫，從十八歲的少女變成了一個滿臉皺褶、白髮蒼蒼的老太婆。即使這樣，她的內心仍然保持著小女孩的天真和爛漫。和年齡無關，和外貌無關，只和童心有關。這樣的人，每天都在過「兒童節」。

前些天，我翻閱自己的微信，發現了很多有趣的照片。那時的自己怎麼那麼有意思呢？我心生感慨又略感陌生，曾經的自己竟是這樣的啊！距離上一次做手工有多久了？距離上一次烹飪小甜點又有多久了？時間這東西，不僅是良藥，還是遺忘劑，它甚至都會讓你忘了你自己。

電影《南極大冒險》中有一個情節令我印象深刻。

一位科學家在南極進行科學研究探索時掉進了冰窟窿裡，險些喪命，是八隻雪橇犬奮不顧身地救了他。特大暴雪即將到來，科學考察站的人準備坐直升機全部撤離，可因直升機載重有限，那八隻雪橇犬暫時被留在了南極。八隻雪橇犬的主人，也就是男主角，在治療完凍傷的手指後決定履行承諾，搭乘飛機飛回南極營救雪橇犬。可因南極氣候環境惡劣，短期內沒有人願意再回去。走投無路之下，男主角找到了曾被雪橇犬救過命的科學家，想讓他幫忙。可科學家對他說，自己能力有限，並鄭重地勸他盡早放棄這個想法。男主角沒有放棄，他決定獨自搭船去南極。

後來，那位科學家無意間看到了兒子畫的一幅畫，畫上是八隻雪橇犬，旁邊寫著：「My Hero Is……The Dogs Who Saved My Daddy.（我的英雄是……救我爸爸的狗狗）」。科學家看後受到了很大的觸動，他決定幫助男主角去南極。

第一次，面對男主角的求助，科學家拒絕幫助；第二次，兒子純真的感恩之心喚醒了他的良知，他學會了知恩圖報。

我們常常給自己定下很多目標，這些目標是我們通往自認為的「幸福」的必經之路。我們披荊斬棘，從遍體鱗傷到身披鎧甲，漸漸地，我們以為自己已經刀槍不入。然而，可能只是一聲乳名的呼喚，甚至可能只是一塊糖、一塊橡皮擦，我們都可能丟盔棄甲，心瞬間柔軟如泥。

我們一路尋尋覓覓的究竟是什麼呢？不過是曾經被自己一件件丟棄的東西。生活就像一個圓，從起點走向終點，又從終點重回起點。我們一路兜兜轉轉，一切似乎都沒變，一切卻又都變了。

如果可以，希望你記得自己仍是個大孩子。希望你在做選擇的時候，有辨別是非的能力，不只看利弊，而是更注重事情本身的對錯；希望你在羞於推脫的時候，勇敢地說出「不可以」，因為拒絕是你的權利；希望你可以不那麼匆忙，偶爾停下腳步，看朝日夕陽。

成年人的世界，忙碌中夾雜著煩惱，幸福好像沒那麼簡單明瞭。然而，我知道你心裡一直住著一個還沒長大的孩子，你亦相信這世間的美好。「長大」二字孤獨得連部首都是自身，單槍匹馬闖世界的我們，不知不覺就成了那個違心地笑著、靜靜地拭去淚水的成年人。

年紀越大越明白，赤子之心對於一個在社會中不停地摸爬滾打的成年人來說，是多麼重要。

希望你能永遠記得，自己內心住著個純真的孩子；希望你在人生之路上能尋得初心，邂逅簡單明瞭的幸福。

看過世間繁華，更能體會平凡的偉大

沒見識世界的時候會不自覺地給它賦予很多偉大的含義，見識了世界之後才會明白平凡生活才是真。

我的好朋友要被公司外派到上海，我擔憂地說：「你可千萬別被大都市的繁華迷住了眼睛，要記得回來啊！」我多怕她以後選擇留在上海，那意味著我在大連這座城市所剩無幾的小夥伴又少了一位。她聽了我的話，笑了笑：「放心，我去過那麼多地方，知道自己想要什麼。」

這句話讓我的心猛地一震，我開始認認真真、仔仔細細地回想我經歷過的一次又一次的旅行。從最初的興奮到後來的平靜，從用一張張照片去記錄到後來僅僅用心去感受，是什麼讓我有了如此改變？我又在旅途中收穫了什麼呢？

當我不斷地見識世界之後，才真正明白：遠方的風景之所以份外美麗，是因為人們賦予了它特殊的含義。我們習慣在旅途中放大自身的感受，那些常常在你身邊上演卻又被你忽略了的小事情，在旅途卻可以輕易地走進你的視線、融進你的內心。我們常常以為自己是被當地的風土人情打動了，實際上卻是我們在陌生的人與陌生的風景之中，打開了內心，尋回了自我。

歌手朴樹《平凡之路》中唱道：「我曾經跨過山和大海，也穿過人山人海；我曾經擁有著的一切，轉眼都飄散如煙；我曾經失落失望，失掉所有方向，直到看見平凡才是唯一的答案……。」

我們在不斷前行的路上，總是走著走著便迷失了方向，我們極度想要逃離周遭的一切，想要逃離這熟悉的平凡，想要在陌生的土地上尋找答案。可隨著旅行次數的增多，新鮮感被不斷沖淡。慢慢地，你會發現，其實旅行對於我們來說，不僅在於讓我們見識了世界，更在於讓我們在這個過程中真正地認識了自己。正如我的朋友所說，唯有看遍了世間繁華，才能懂得平凡的偉大。

所以，如果可以，我建議你趁年輕多出去走走！沒見識世界的時候會不自覺地給它賦予很多偉大的含義，見識了世界之後才會明白平凡生活才是真。人生兜兜轉轉，老來彷彿又回到了原點，可走過這麼一遭，我們對自己、對生活卻有了更深刻的認識。

曾有一張照片讓我深受感動。那是一對老夫婦面對鏡頭微笑的照片，取材自一部紀錄片《人生果實》。它講述了英子奶奶和修一爺爺的暮年生活。在這部紀錄片裡，你看不到吵架鬥嘴的畫面，只能看到一對相愛的老夫婦的日常生活，可那樸素的畫面卻足夠震撼人心。一屋、二人、三餐、四季，那是我能夠想到的平凡，同樣也是我所期待的浪漫。當這簡單平凡的生活濃縮到一部影片中，我們便能輕易地感受到其間的溫暖。深藏於時間長河中的真正瑰寶，或許正是這普通平凡的每一日，只不過需要我們慢慢地發現，細細地品味。

我記得紀錄片中多次出現這樣一句畫外音：「風吹枯葉落，落葉生肥土，肥土豐香果，孜孜不倦，不緊不慢……。」我想，生活亦是如此。

敞開心扉，才是愛情開始的前提

主觀意識上選擇不去愛，是大部分單身朋友不能「脫單」的關鍵因素，只是絕大多數人並沒有意識到而已。

心理上的初步接納才是一切有可能發展下去的前提。

有個朋友，不久前認識了一個男孩，兩人互相加了微信好友，男孩很直白地向她表示了好感，朋友對他印象也不錯，於是兩人開始了互道「早安」、「晚安」的曖昧階段。這一狀態持續了一個多月的時間，男孩向她提出了正式交往的請求，她卻突然膽怯了，明明有那麼點喜歡對方，也很享受兩個人相處時的感覺，可一旦到了深度交往的階段，她卻不敢再往前邁進一步了。

她模糊不清的態度令男孩很失望。不久之後，她聽說了男孩交了女朋友的事情；朋友覺得很失落，她問我：「他到底是不是真心喜歡過我啊？為什麼那麼快就交到了女朋友？我是不是也喜歡上他了？否則我為什麼會這麼難過？」

我跟她解釋，兩個人透過頻繁互動建立起初步的社交關係，這種關係會因長期的溝通而不可避免地產生時間上的付出。在這種情況下，一方突然抽離，不明就理的另一方，很可能將自己突然被冷落時產生的空虛和不適，誤認為是對對方產生了傾慕之情。雖有這樣的感受，可當事人究竟對對方有著怎樣的感情，卻是局外人難以評判的。

再說回到我這個朋友。男孩告白失敗後就從朋友的世界中消失了，他再也沒有回頭找過我這個朋友。朋友跟我抱怨他輕浮：「他這個人怎麼這樣啊，怎麼可以那麼輕易地就說出『喜歡』，又那麼輕易地選擇放棄呢？」

關於這個問題，我倒是可以多說一點，因為我身邊剛好有一個跟她遇到的男孩類似故事的朋友小陳。我見證過好幾次小陳在告白失敗之後迅速開始尋覓下一段感情的經歷。

據我對他的瞭解，他並不是那種舉止輕浮、滿肚子花花腸子的浪蕩子，因為他認真對待每一段感情，是真的做到了「全情投入」，那麼問題究竟出在哪裡呢？其實很簡單，有些人在收到被拒絕的信號後，就會及時收回自己的心意，然後整理心緒重新出發，繼續尋找屬於自己的幸福。說到底，終究沒有多少人會甘願無限期地守候一份不確定的情感。

究竟什麼是「喜歡」呢？二十歲時的我可能會說：「喜歡是一種腎上腺素飆升導致的臉紅心跳，見到他的那一刻你就知道，你喜歡他。」可隨著年齡漸長，我越來越搞不懂究竟怎樣才算是真正的「喜歡一個人」。可能因為小時候「王子與公主」的愛情童話故事看多了，我一直對愛情充滿著夢幻般的遐想，渴望過小說中那種「一生一世一雙人，半醉半醒半浮生」的浪漫日子。那時候對愛情很較真，一定要挑一個可以跟我過一輩子的人再談戀愛。

然而，當我在挑挑揀揀中錯過了青春，一直挑到二十八歲都沒能找到良人的時候，同窗好友都已經談婚論嫁甚至為人父母了。時間褪去了我的青澀拘謹，卻也打磨掉了我的臉紅心動，我很少再對男生心動，即使遇到了有些微好感的男生，我也莫名地不敢戀愛，只想逃離。

我明明對愛情那麼渴望，但其實又從未真正地敞開過心扉，內心充滿了矛盾。直到某天，我和認識許久的男孩聊天，他無意間透露出曾經喜歡過我的訊息，那瞬間狂喜卻又失落的感覺一下子將我淹沒，因為我們早已不再年少。那一次我終於鼓足勇氣問他：「既然喜歡，為什麼當初不告訴我？」他說：「因為害怕。你總是表現出一副生人勿近的樣子，我感覺你應該不會喜歡我吧。我擔心說出來會使大家連朋友都沒法做了。」

忘了自己究竟用什麼樣的玩笑話搪塞了過去，但心中的那種苦澀感，至今仍舊記得，內心湧起的異樣情愫也在那一刻塵埃落定，這注定只是個有緣無份的故事。我差點就擁有了屬於自己的浪漫故事，可惜我沒能把握住那個瞬間。那時的我只顧著深藏心事，卻不知道敞開心扉才能有開始的可能。

其實，身邊像我一樣的人還有很多。

前些天，我和小B坐在一起吃飯，談論的話題就那麼幾個：美妝、影視以及男朋友。我問她：「怎麼樣，最近家裡給你安排相親沒？」

她倒是一臉淡定，甚至連表情都沒有變一下，就那樣懶洋洋地回道：「相親啊，這可是我們家現在的頭等大事，每個月要算入我的『KPI考核』中的。」聽說去年她相親十幾次，最後都無疾而終。

我被她的話逗笑了，繼續追問：「相親那麼多次，真就沒一個能入得了你的法眼？」她看了我一眼，撇撇嘴，同時搖了搖頭：「難，太難了。」「到底是哪裡出問題啊？」她嘆了口氣，眼珠轉了轉，似乎在思考，然後再一次搖搖頭：「也沒什麼，說不好。該怎麼形容呢？就是沒眼緣吧。」她停頓了一下，突然微微提高了一點音量：「我每次都覺得他們人還不錯，可是一想到真的生活在一起的畫面，又覺得接受不了。你說我是不是不正常啊？」

我大概理解她的意思，反問她：「就是說，沒那種心動的感覺唄？」她用力地點頭：「對對對，就是這樣，我已經好久都沒有體會過那種怦然心動的感覺了。每次約會，無論身體還是心理，真的是毫無波瀾。」我說：「那你是認為，只有心動了才是愛情嗎？」這一次她不再回答了。

這好像不是小B一個人的困惑，而是當下很多年輕人的困惑。我們多麼渴望和另一個人相知相惜啊，明明一直在尋找的路上，可尋得良人（令人心動的人）怎麼就這麼難呢？你有多久沒有體會過那種臉紅心跳、愛上一個人的感覺了？你是否也開始懷疑自己已經喪失了愛人的能力？

很多時候，我們表面上看起來並未拒絕發展愛情的可能性，可是內心其實從未真正地敞開過。正如從不排斥相親的小B，她每次都只是站在愛情的門後，透過貓眼向外看看，第一眼沒有被驚艷到，便在心底種下了一顆不會發芽的愛情種子。她從未試圖打開心門讓另外一個人走進她的內心，於是，她的一次次相親只能無疾而終。

主觀意識上選擇不去愛，是大部分單身朋友不能「脫單」的關鍵因素，只是絕大多數人並沒有意識到而已。心理上的初步接納才是一切有可能發展下去的前提。只有當我們時刻保有愛人的能力，努力嘗試敞開心扉，我們才有機會收穫理想中的愛情。

無論時代怎麼變遷，有關「愛」的話題是永遠不會消亡的。在我們人類個體可存活的短短數十年中，「愛」作為我們生命的權利，應該被好好珍惜。

在《愛的藝術》一書中，作者艾．弗洛姆提道：「如果不努力發展自己的全部人格並以此達到一種創造傾向性，那麼每種愛的試圖都會失敗；

如果沒有愛他人的能力，如果不能真正謙恭地、勇敢地、真誠地和有紀律地愛他人，那麼人們在自己的愛情生活中也永遠得不到滿足。」這就是愛的藝術與哲學。

人們如此渴望被愛，也在不斷地尋找愛，可卻常常陷入迷茫和悲觀的情緒中。在天馬行空的想像中，那些心中不確定的想法很容易變成洪水猛獸，干擾你的判斷，干擾你的選擇。與其一味地恐懼、擔憂，不妨試著敞開心房，試著接納一個人。

我曾在大學校園裡看到一對小情侶。地上的蒲公英盛開了，女孩捨不得將其折斷，兩個人便蹲下身子一起吹它——特別幼稚的舉動，他們卻笑得那麼純粹。

我想這就是愛情本該有的樣子吧！

年紀越來越大，卻越來越不知道什麼是喜歡？那就別再等待，大膽地敞開心扉，願你永遠擁有愛人的能力。

好好愛自己，是對過往創傷最好的反擊

接納自己的一切，包括不完美的過去。

有疤的地方就讓它自然癒合吧，哪怕會留下醜陋的疤痕，

那也比反覆地去扯動和撕裂它來得舒服。

好好愛自己，不懼怕成長中所遇到的那些傷，才是真正的愛自己的開端。

第一次看到室友發脾氣，是在我們合租的第三年。讓她如此大發雷霆甚至口不擇言的不是別人，正是她的父母。

「兩個人的歲數加起來都上百歲了，還有什麼可吵的？」、「不想在一起過了，那就離婚啊，吵完還要繼續在一起過日子，還這樣沒完沒了地吵個不停，有意思嗎？」

我完全能夠理解室友的心情，因為我也是在父母的爭吵聲中長大的。我爸和我媽能吵到什麼地步呢？毫不誇張地說，因為他們，家裡每年都要新買一批餐具，餐桌上吵架、掀桌子的畫面成了我童年記憶中最深的陰影。

小時候我也嘗試過很多辦法去阻止他們之間的爭吵，比如哭、裝病、發脾氣……。初次嘗試還能有點用，後來，卻常常被一句「大人之間的事情小孩子不要插手」給噎住，於是，他們繼續爭吵，我便待在自己的房間，將電視機的音量開到最大，直至淹沒掉那些惱人的叫罵聲。

室友依然在發脾氣，不知到底是對著空氣還是對著聽筒，只知道她又吼了許久，最讓我印象深刻的一句話是：「過不下去，就去離啊！什麼叫作還不是為了我，要真是為了我，你們就別這麼天天吵下去，趕緊離婚，好聚好散！」她怒吼的話語，正是我小時候在心裡模擬過無數次的台詞，一模一樣。

我不知道有多少家庭也是這樣，父母並不相愛或者只是曾經相愛，再或者總是習慣用爭吵來解決問題。爭吵的初衷不重要，事實是孩子在父母的爭吵中成長起來，這樣的孩子往往敏感又脆弱，他們時常被自己的父母安上「我不離婚，還不都是為了你」的罪名。這類父母將不離婚的原因，殘忍又直接地轉嫁到了孩子的身上，以致這些孩子即使長大了，也帶著深深的負罪感和對婚姻的恐慌感。

不得不承認，有些家長並不是「合格」的家長，他們可能真的給了孩子很多很多的愛，卻一直只是以他們自己認為合適的方式付出著。

我們不需要父母為了給孩子一個完整的家庭而委曲求全地湊合餘生，無論父母在不在一起，只要還有親情就已足夠。比起勉強保持著家庭表面上的完整，我們更想要的是彼此的幸福。這才是在爭吵中長大的孩子們的心聲啊！

有些人的童年陰影來自父母之間的「不相愛」，還有一些人的童年陰影則源自父母對自己的「不夠愛」。

有天，午休的時候，和幾個同事湊在一起商量著買化妝鏡。一個男同事說要買兩個，一個送給老婆，另外一個送給姐姐，我們這才得知原來他是有姐姐的。鄰座的女同事一陣感慨：「為什麼我弟弟除了搶我的零食外，從來就沒對我上過心呢！我爸媽重男輕女，從來不關心我，我要是再多個姐姐就好了，至少還有姐姐可以疼我。」

聽到女同事這樣說，我不由得想起了韓劇《請回答1988》裡的成德善說：「這一天，也沒有什麼特別的，因為二女兒的悲哀一直是存在的。就像這個世界上所有的老二一樣，姐姐因為她是姐姐，弟弟因為他是弟弟，所以都得謙讓著。但我以為我如此崇高的犧牲精神，爸爸媽媽是知道的。原來不是。有可能，家人們都不清楚……。」

儘管如此，德善卻還是足夠幸運的，因為她的爸爸至少在後來瞭解到她的心事。爸爸對她說：「爸爸媽媽對不住你，因為我們真的不知道。對老大，要好好教導；對老二，要好好關心；對老三，要教他好好做人。爸爸也不是一生下來就是爸爸，爸爸也是頭一次當爸爸，所以，我們的女兒稍微體諒一下可以嗎？」這一幕觸動了所有人的心，因為它太真實。

電影《天才的禮物》裡，瑪麗自出生起，就沒見過自己的爸爸，她一直以為是爸爸離得太遠才沒空來看她。當她得知爸爸其實離她很近時，她邊落淚邊對舅舅說：「如果我是爸爸，有個女兒從未見過，而且住在同一個城市，我肯定會去看她。他根本不需要問路，跟著你來就行了。他甚至不想看到我的樣子……。」

瑪麗的舅舅完全不知道該如何安慰這個年齡只有七歲，思想卻異常早熟的孩子，思來想去，他決定帶她到附近的醫院看看。他們坐在分娩室的門口，女孩不解，舅舅卻讓她耐心地等待。不知過了多久，分娩室裡響起了一聲啼哭，孩子的家人們瞬間擁到了分娩室門口。醫生走出分娩室，告知新生命降臨，孩子的家人們高興得手舞足蹈，互相擁抱。

舅舅看向瑪麗，對她說：「你出生時就是這樣的情景。」瑪麗的臉上終於綻放出大大的笑容，她開心地和舅舅商量道：「我們再等著看看下一個吧！」心裡很苦的人，只要一絲甜就能滿足。

世上有一些人，終其一生都沒有得到過家人的關注，也沒有人告訴他們「爸爸媽媽也曾因你的出生而歡喜過」。「我可以獲得幸福嗎？」、「我可以相信愛嗎？」、「我真的值得被愛嗎？」、「他以後會不會離開我？」他們既沒有愛人的經驗，也沒有被愛的自信，童年的陰影在他們的人生中長久地揮之不去。

很多人根本無法用心去正視自己的過去，他們困於過往沈痛的經歷無法自拔，始終找不到一個可以重視自己的理由。那麼，對於在原生家庭中遭受的創傷，我們就完全束手無策嗎？關於這個問題，我思索良久。

「這世界上有一種英雄主義，就是認清生活的真相後，仍然熱愛它。」原生家庭的影響將伴隨人的一生，對於不可逆的過往，愛自己便成了我們面對嶄新人生，首先需要攻克的難題。

如何愛自己？我有這樣幾點建議。首先需要做的，就是接納自己，接納自己的一切，包括不完美的過去。有疤的地方就讓它自然癒合吧，哪怕會留下醜陋的疤痕，那也比反覆地去扯動和撕裂它來得舒服。好好愛自己，不懼怕成長中所遇到的那些傷，才是真正的愛自己的開端。

就像歌曲《我》中唱的那樣：「我就是我，是顏色不一樣的煙火。天空海闊，要做最堅強的泡沫。我喜歡我，讓薔薇開出一種結果。孤獨的沙漠裡，一樣盛放的赤裸裸。」

沒有誰的人生是完美的，接納過去，接納那個不完美的自己，堅定勇敢地走下去。如果過去是谷底，那麼現在你踏出的每一步都是在奔向高地。

愛自己，其次就是要傾聽自己內心的聲音，不被他人左右。

你也擁有追求幸福的權利，你不必因為家庭的緣故而過度苛責自己。你要相信自己也可以擁有美滿的家庭、幸福的生活。想成為一個幸福的人，就透過努力去成為一個幸福的人。懂得傾聽自己心底的訴求，敢於想也敢於去實踐，去選擇自己的人生。

一輩子很短，不一定非要活成他人所期待的樣子，活成自己喜歡的模樣已足夠。如果有人告訴你，你必須擁有什麼才能被愛，記得反駁他。每個人都是世界上獨一無二的存在，你也不例外。

愛自己，再則是要尋找到自己活著的意義。

有人喜歡拼搏，透過努力奮進獲得成就感；有人喜歡享受，透過周遊各國獲得快樂；有人喜歡奉獻，透過燃燒自我發光發熱……；他們的相同點就在於知道自己活著的意義，這樣的人絕不會辜負生命賜予他們的每個清晨。

張嘉佳在《從你的全世界路過》中這樣寫道：「我們喜歡計算，又算不清楚，那就不要算了。而有條路一定是對的，那就是努力變好。好好工作，好好生活，好好做自己，然後面對整片海洋的時候，你就可以創造一個完全屬於自己的世界。」是啊，從現在起，好好生活，好好愛自己，做自己今後人生的太陽。

No. 4

如果拼盡全力也成不了「大神」，
那就做個很棒的普通人

你需要的是努力，而不是急功近利

很多人都艷羨別人的成功。
當看到別人取得成績的時候，
他們最先想到的不是該如何憑藉自身努力追趕上別人，
而是臆想成功的捷徑。

微信上新通過一個好友申請，是個不認識的傢伙。不久，微信提示音響起。先是一句不痛不癢的問候，再是一句恭維的話，第三句便直奔主題：「我也想出版一本書，但是不清楚出書的套路，你可以教教我嗎？」「套路」二字讓我覺得很不適，可是出於禮貌，我還是耐心地回覆他：「我不懂什麼出書的套路，就是一直在堅持寫文章而已，能出書也是碰巧我寫的文章被編輯看到了而已。」對話便止於此，我沒有給出他想要的答案，他自然也就沒有再和我深聊下去的必要。

他不是第一個問我這種問題的人，肯定也不會是最後一個。

很多年前，我因工作關係約見過一位出版社的編輯，我當時也問過他，一個如今想來非常天真的問題。我問他：「在『流量為王』的時代，暢銷書排行榜都被那些自帶流量的作家的書長期佔據著，像我這樣毫無粉絲基礎的網路作家，還有逆襲的可能嗎？」

他當時很認真地跟我說：「你想知道你的書是否能暢銷，前提就是你要先出版一本書，出版一本書的前提是你得先寫完一本書，而寫完一本書的前提是你得堅持寫文章。歸根究柢，你首先得堅持寫作。」

聽了他的話，我豁然開朗。從那天起，我便很少再研究暢銷書榜單，而是開始一心一意地「打字」，全身心地投入到寫作中。

我還在寫網絡小說時，在作者交流社團中認識過一個離異並獨自帶孩子的姐姐。因孩子尚小，需要人照顧，她沒辦法出去找全職工作。為了賺錢，她便開始寫網絡小說。和我這種單純的愛好寫作的人不同，「寫作」只是幫助她和孩子生存下去的方式。作為一名在當時沒有任何名氣的網絡寫手，她唯一可以保證的收入只有網站每個月的全勤獎勵。為了這份收入，她每天都要寫一萬字以上——無論發生何種意外。

那時候我們常常組團一起「寫作」，即在固定的時間在社團內公佈自己當天所寫的字數，而這位姐姐永遠都是我們當中的第一名。

時隔多年，曾經一起寫作的「戰友們」早已斷了聯繫，那個曾經特別熱鬧的寫作交流社團也和其他不再亮起的QQ頭像一起被塵封在記憶裡。很多人早已放棄了寫作，回歸到「上班族」的生活中去。他們或許早已建立家庭，過上了幸福美滿的生活；或許在別的領域中找到了屬於自己的天地。

而就在前段時間，我在咖啡館寫作的間隙隨便逛了逛某文學網站，網站首頁上一個作者的筆名吸引了我，正是那個姐姐！作者頁顯示，那本書已經更新到了八百多萬字，排名很好。想起曾經共同奮鬥的那些時光，我打心底為她高興。所謂「守得雲開見月明」，大抵就是這樣吧！

很多人都艷羨別人的成功。當看到別人取得成績的時候，他們最先想到的不是該如何憑藉自身努力追趕上別人，而是臆想成功的捷徑。可成功真的有捷徑嗎？

我去翻看了那個聲稱要出書的人的微信，在他的主頁裡，除了幾篇轉發的文章外，我看不到絲毫他自己的觀點。倘若是一個真正熱愛寫作的人，他的愛好在他的生活中應該是有跡可循的，可是他沒有。

想起了多年前看過的一個笑話。有個人天天跪在神像面前，乞求神仙讓他買的樂透中大獎。在他的虔誠祈禱之下，神仙終於顯靈了。可神仙只對他說了一句話：「年輕人，你口口聲聲說希望自己中大獎，你倒是先去買張樂透啊！」

很多時候，我們就是那個渴望樂透中大獎卻壓根沒買過的人。總覺得自己之所以不成功，是因為缺少一點點的運氣，或是不懂成功的套路。可事實真的如此嗎？

前幾年我接觸過不少創業者，他們的名片上都標有「創始人」、「CEO」等字樣，一開口講話就是「商業模式」、「商業邏輯」、「盈利模式」等，聽起來特別厲害。然而，聽多了你就會發現，他們激情澎湃地講的那些話，大都天馬行空、不切實際。

時隔幾年，那些人中還在堅持的所剩無幾：一部分人在創業途中失敗了，從此一蹶不振；一部分人只不過是空想了一場，他們還沒開始創業就選擇了放棄，理由是「沒人脈」、「沒資源」、「沒資金」，一想到創業需要克服這麼多困難，乾脆不開始了。

每一個領域都有那麼幾個做得出色的佼佼者。探究他們過往的經歷，不難發現，他們最後取得的成績，與他們在此之前所付出的堅持與努力，絕對是成正比的。

如果我們可以撇下浮躁，靜下心來，少一些急功近利，多一些踏實努力，或許能早日收穫我們想要的精彩。

離別時，別忘記再回頭看一眼

我們總是拼命地往前趕，家人則默默地在後面追，只為多看一眼我們的身影。
但因為我們的目光一直向前，所以我們看不到他們蹣跚的腳步，亦看不到他們失落的眼神。

中元節一過，路旁的葉子就開始零星地泛黃。即將迎來金秋九月，附近理工大學的大一新生已經陸陸續續地前來報到。

新生們臉上洋溢著對大學生活的期待以及對這座城市的好奇，看起來既不怯場，也不戀家，顯得比我初入大學時獨立、堅強得多。時代雖然一直在變，但大人們對離家求學的孩子的牽掛卻從未變過。

肯德基店裡，一家三口準備用餐。女人從落座的那一刻起便喋喋不休地囑咐起來：「等室友來了，記得把我們帶的牛肉乾分給大家。」、「沒錢了就和你爸說，絕對不要借那些亂七八糟的網貸。」、「可以交女朋友，但是不可以耽誤學習。」、「記得每天晚上洗內褲……」或許是感覺大庭廣眾之下被這樣嘮叨很難堪，男孩終於不耐煩地喊了聲：「媽！」帶著脾氣的一聲「媽」，讓女人的聲音戛然而止。

點好餐的男人端著裝滿食物的托盤走了回來，剛一放下，女人便迅速抓起一個漢堡，熟練地將紙質包裝打開，再平整地折疊成便於手握的形狀，然後遞到男孩手中。看到男孩低頭咬了一大口漢堡，女人滿足地笑了笑，可她的手依然沒閒著，她快速地將雞米花倒入漢堡盒裡以便拿取，擠出番茄醬，給可樂杯插上吸管，再將所有的吃食一一擺到男孩面前。做完這些，她終於停下手裡的動作，可囑咐聲再一次響起：「晚上別總是熬夜，要早睡早起，記得早上一定要吃早餐……。」

男孩不耐煩地放下漢堡，拿過一個雞肉卷遞到女人手裡：「快，你也吃點。」女人啞然，表情落寞，繼而開始落淚。還是男人先發現了她的變化，立即拿過一旁的餐巾紙遞給她：「好好的，你這是幹什麼？」，「我就是捨不得兒子離開我嘛！」男人聞言，表情也變了變，隨後卻清了清嗓子，提高了音量：「孩子長大了就得離開家，留在父母身邊能做什麼？再說了，他一個大小伙子，不出來闖闖怎麼行？現在還只是上個學，以後要經歷的事情還多著呢！」男孩的表情也柔和起來，嬉皮笑臉地拿了根沾了番茄醬的薯條遞到女人的面前：「我爸說得對，我一個大小伙子，有什麼可擔心的，您就放心吧！來，張嘴，吃根薯條……。」

一家三口吃完東西便很快離開了，透過肯德基擦得晶亮的玻璃門可以看到他們在外面道別的場景。女人擁抱了一下男孩，嘴巴張張合合，一定又在囑咐著什麼；男人只是笑著，在快分別的時候才用力拍了拍男孩的肩膀，說了句話。男孩先一步擺手離開了，他的父母卻在原地站了很久。女人靠著男人的肩膀，不停地抬手擦拭眼角，似乎又哭了。他們就像那「望子石」一般，在原地站立了很久。而那個男孩呢？他一次都沒有回頭，他就那樣帶著滿心的歡喜走向了他嶄新的人生。

眼前的這一幕讓我的心臟抽痛了許久。親愛的男孩，也許很多年之後你才會明白，和家人分別的時候，再回頭看一眼究竟有多重要。

我們總是拼命地往前趕，家人則默默地在後面追，只為多看一眼我們的身影。但因為我們的目光一直向前，所以我們看不到他們蹣跚的腳步，亦看不到他們失落的眼神。如果可以，下次分別的時候請記得回頭看看，你會在他們目送你離去的眼神裡看到愛，看到關懷，看到濃濃的牽掛。

多年前，爸媽送我上學的那一幕又闖入了我的腦海。那時候爸媽還是四十歲剛出頭的年紀，他們開車將我送到大連。隱約記得當年媽媽在宿舍幫我鋪床的時候也囑咐了很多——雖然如今我一句都不記得了。

印象最深的還是他們開車離開的那一幕，那是我人生中第一次目送他們從我的生活中離去，我用力地揮手，用力地控制眼淚，用力地保持微笑，看著車子在我視線裡由近及遠，再變成一個小小的圓點。當目光再也追逐不到車子的身影時，我的眼淚終於控制不住地流了下來。

如果你不曾體驗過目送一個人的心情，那麼你就很難理解父母的愛。生命的旅途在一天天做減法，陪伴也顯得彌足珍貴。當我們離開家時，留給親人的，便是由大而小的背影。

工作以後，我回家的次數越來越少了。有一次抽空回老家看望奶奶，三個月不見，她似乎又老了一些，走路時腰愈加彎了。因為看到我太開心，她拉著我的手說了很多話。由於休息時間太短，我只能坐一會就匆匆離開。下樓後，我不經意地回頭望了一眼，只見奶奶站在十樓的窗口處，不停地衝我擺手。

我朝著奶奶的方向擺擺手，示意她回去，轉過身繼續往外走。經過了小區的石台，經過了小區的運動器材區域，我又回頭望了一眼，奶奶還站在那裡。見我回頭，她又一次向我擺手。

這樣的動作反覆了三五次。每次只要我站定回頭，奶奶都會向我擺手，從單位門到小區門口的那幾十公尺，承載著奶奶對我濃濃的牽掛。

她捨不得我離開，但是她也不願強行挽留讓我為難，她所有的不捨都在那搖晃的手臂裡。透過斑駁的樹影，那個頭髮花白的老太太成了一個模糊的身影。我推開小區的鐵門，這一次沒有再回頭，但我知道，她依然站在那裡，站在我的身後，目送著我。

網上曾流行過在一張A4紙上描繪整個人生的長度。按照人的平均壽命是七十五歲來計算，在A4紙上畫一個「30×30」的表格，這紙上所展示的九百個方格就代表這一生短短的九百個月。假設你的父母如今五十歲，你們可以天天見面，你能陪伴他們的時間還剩三百個方塊，也就是三百個月；假設你們一個月只能見兩次面（一次一天），你能陪伴他們的時間就還剩二十個月；假設你們一年只能見一次面（一次一天），這個時間長度便會迅速地縮減成一個月不到……。

是的，我們能陪伴家人的時間真的不多！願你我都能珍惜當下，多給家人一些陪伴，別等一切都來不及了再後悔。

及時反省，別輕易甩掉手中的幸福

一些人總是仗著被愛就高高在上、有恃無恐，可曾知道愛你的那個人其實也會難過，也會受傷？沒有臨時起意的不愛，只有蓄謀已久的分離。

週末在家無聊，我又開始翻看老電影，重溫了一遍當年賣座的電影《失戀33天》。可能是年齡漸長、閱歷加深的緣故，這次看這部電影的體會和當初大不相同，特別是電影中黃小仙追車的那一幕。當初，我看到黃小仙狂罵開車離開的陸然，覺得陸然是個混蛋；可多年後再回看，陸然離開前對黃小仙說的那段話卻像刺一般扎進了我的胸口。

他對黃小仙說：「黃小仙，你真的不明白嗎？我們兩個不是一不小心才走到今天這一步的。你仔細想想，我們在一起這麼長時間，每一次吵架你都要把話給說絕了，一個髒字不帶，殺傷力足以讓我撞牆一了百了。吵完以後你舒服了，你想過我的感受嗎？我每一次都像狗一樣地覥著臉去找一個台階下，你每一次都是趾高氣昂地站在那一動不動，你每一次都是高高在上，我要站在底下仰視你。我仰視夠了，我受不了了，我仰視得脖子都快斷了！你想過嗎？全天下就只有你一個人有自尊心嗎？我想過，要麼我就一輩子仰視你，要麼我就帶著我自己的自尊心，開始自己新的生活。你是改變不了的，你那顆龐大的自尊心，誰也抵抗不了。我不一樣，我想要往前走，你明白嗎？」

多年以後，我再來咀嚼這段話時，卻有了另外一番感悟：每個人都有改過自新的機會，可你的另一半是否願意等待呢？

很多人愛過，但是累了，所以選擇了放手。多年後，當我們終於弄懂了這個道理的時候，當初的那個人早已不見了蹤影。

以前覺得相愛是件很簡單的事情，不過是我喜歡你，你喜歡我，然後我和你走到一起變成「我們」。如果某天我不喜歡你了，你也不喜歡我了，那我們就分開，各自尋找新的幸福。

但事實上，相愛不只有愛的開端，更有相處的過程。有相處就會有摩擦、有分歧，也會有磨合多次也無法契合的地方。這個時候如果只是一味地指責對方，而從不自我反省，便將遭遇情感危機。

反省自己，意味著更加理性地看待問題，同時也是對對方的尊重。在自我反省的過程中，能更好地理解對方。即使反省的結果是矛盾依然存在，但在反省的過程中，其實你已經及時控制住了衝動的情緒，不至於脫口而出一些言不由衷的話語，傷人又害己。

好的情感關係，絕不是從未有過分歧，而是哪怕遇到了分歧，也更願意理解對方的心緒。只可惜，很多人不懂這個道理。

有首歌唱道：「得不到的永遠在騷動，被偏愛的都有恃無恐。」一些人總是仗著被愛就高高在上、有恃無恐，可曾知道愛你的那個人其實也會難過，也會受傷？沒有臨時起意的不愛，只有蓄謀已久的分離。

生活中的每一次傷害都會變成利刃，一點點地刺向另外一個人，雖然每一刀都不致命，可這一刀一刀割下去之後，留下滿目瘡痍的身心，任誰都會難以忍受。

不要總是等到失去之後才開始反省。我們應該知道，被偏愛的人並不會永遠擁有有恃無恐的權利；願意付出的人，也不可能永遠單向付出。任何情感關係都需要雙方共同經營，這樣才能長久，親情、友情、愛情，皆是如此。

每天睡好覺，才能請生活多多指教

為了自己和自己所愛的人，
為了能以更好的狀態迎接明天的生活，
好好睡覺、好好愛自己吧！

你每晚睡得好嗎？我身邊不少朋友都有睡眠障礙，好友R就是其中的一員，最近她已經持續半個月深受失眠的困擾了。

我們姑且不去探究她為何會失眠，單從「睡眠少」這件事來說，估計十個年輕人中至少有五個存在這個問題。有些人是因為加班而睡得少，而另一些人不睡的原因大概是對這個世界太「好奇」了：看完A劇看B劇；

看看朋友圈，刷刷微博，看看小視頻，再玩玩遊戲；打開淘寶，然後轉戰京東，繼而又邁向了唯品會。手機，就像魔術盒一樣，在深夜裡為我們展現了一個令人目不暇給的世界。於是，睡眠自然而然成了奢侈的東西。

可是，你想過長期熬夜的後果嗎？

我的室友每天的固定睡覺時間是次日凌晨二點。下班回到家後她都做了些什麼呢？看電視劇，吃夜宵，看娛樂新聞。每每準備洗澡的時候都已將近次日凌晨一點，洗完澡躺回床上後仍然忍不住要繼續看一個接一個的小視頻。

她這種狀態持續了多久，連我都記不清了。她的口頭禪是：「我這腦子啊，記性是越來越差了！」事實的確如此。她經常會在五分鐘內連續問我兩次同樣的問題，然後在我的白眼中嘿嘿一笑：「哎呀，我是真的忘記了。」態度是挺好，就是招人煩。

健忘導致室友在工作中頻頻出錯，老闆的斥責已經成了家常便飯。她自己也覺得難受，也想做出些改變，但熬夜已經成了習慣，她自制力又太差，根本改不了。於是，只能陷入邊自責邊熬夜的惡性循環之中。

記得幾年前我也有過一段「放飛自我」的夜生活。那時我最喜歡的娛樂方式就是去KTV唱歌，而且專挑午夜場，就是那種半夜十一點到次日清晨六點，可以連續唱七個小時的包廂，一晚只需幾十元。唱完後再坐最早班的輕軌回學校，睡上一上午，起床後洗個澡，晚上又重新恢復活力，繼續「奮戰」。

可現在若再有人邀請我去那種「歡唱七小時」的午夜包廂唱歌，我是鐵定不會去了。因為身體真的負荷不了了，生活態度和思維方式也沒有上學時那麼幼稚了。

我再也回不去跑完步喝冰汽水也不會拉肚子的十七歲了；再也回不去深夜十二點吃夜宵也能輕易消化的二十歲了；再也回不去熬夜追劇到凌晨二點，第二天還可以若無其事地坐在教室裡的二十二歲了。

我們真的禁不住不規律的作息帶給我們的困擾了。你必須承認這一點，接受它，並為此而做出改變。

給自己規定一個合理的睡眠時間，並嚴格去執行；鍛鍊自己早睡早起的能力；減少對手機的過度依賴；增加運動；養成良好的飲食習慣；健康的生活方式說來說去總是離不開那幾種，很多人都懂，只是行動上做不到，有的人甚至會用那句「活著何必貪睡，死後定會長眠」的話來調侃。

一部電視劇完結了還會有下一部，很多東西都未完待續，可身體和精神的損壞卻是不可逆的。健康的身體與充沛的精力是年輕人的資本，卻也經不起浪費。

為了自己和自己所愛的人，為了能以更好的狀態迎接明天的生活，好好睡覺、好好愛自己吧！共勉之！

保持分寸感，是維持親密關係的前提

對方想說的事情，那就聆聽，別深究；
對方不想說的事情，那就別問，只陪伴。
分清楚事情的主人公究竟是誰，不把自己的意志強加給對方。
這種不越界並非情感生疏，反而可以讓關係變得更加親密。

午休的時候，我不小心聽到坐在對面的兩位同事之間的對話，是那種朋友之間的日常拌嘴，原本還覺得挺有意思的，可聽著聽著就感覺到其中的不對勁了。沒一會工夫，兩人果然安靜了。

我抬眼一看，原本好得跟一個人似的兩姐妹，這時竟離得特別遠。一個低頭玩著手機，另一個快速玩弄著滑鼠，兩人的臉色都不好看。果真是鬧矛盾了。

回想「空氣突然安靜」之前兩個女生的對話內容，好像起因是女生A看了眼女生B的手機螢幕，然後打趣道：「和哪個小帥哥聊天呢？」女生B大概是做出了護住手機不讓對方看的動作，因為接下來女生A酸溜溜地說：「還不讓看，看來肯定有情況呀！」

「哪有什麼情況，是女生，不信我給你看她的朋友圈。」

「我看別人朋友圈幹什麼？」

「真的是女生，哪有男生找我聊天啊，我又不像你那麼魅力四射，主動找你聊天的小帥哥一個接一個的。」

「我不和男人聊天。」女生A的語氣明顯已經變得生硬了。

「你什麼時候看見過我和小帥哥聊天啊，我這個『單身狗』還等著你給我介紹個小帥哥呢！」

「怎麼沒有，前幾天我還見你跟一個男生聊天呢，肯定和之前的那個不是同一個人。」

「不想和你說話了。」這時候，女生A明顯已經生氣了。

如果在此之前的對話只是兩個女孩間的玩笑話，那麼接下來的談話則將矛盾的導火線徹底點燃了。

女生B仍然喋喋不休道：「你怎麼還生氣了呢？脾氣可真夠暴躁的。」

女生A毫不示弱地反擊回去：「誰脾氣暴躁了？還不是因為你口無遮攔！我什麼時候像你說的那樣水性楊花了？」接下來便突然安靜了下來，原本情同姐妹的二人，就因為這幾句話鬧僵了，冷戰了好多天。

至於兩人後來到底有沒有和好，這些都是後話。這件事情讓我深刻反思的一點是關係再好的人之間，也要保持一定的分寸感。

「分寸感」這個詞我們都很熟悉，平時也都做得很好。在陌生人面前，我們交情尚淺時絕不言深，不窺探別人的隱私，也不干預別人的私事。我們總是覺得有能力做一個有分寸的人；可在親密的人面前，所有的準則好像全被拋到腦後了。

我也犯過同樣的錯誤。

每年三月，我和好閨密都會在三八婦女節前後的日子裡，來一場說走就走的旅行，已經持續了數年。和往年不太一樣的是，今年旅行期間我們兩個吵架了，就像那兩個鬧彆扭的女同事一樣，我們倆也是好一會誰也不理誰。

事情要從一件薄款羽絨衣說起。

那時我閨密剛剛交了男朋友，我倆出發的那天，氣溫驟降，怕冷的閨密就直接把男朋友的羽絨衣穿走了。三月的武漢其實並不算冷，因為想給閨密拍好看的照片，所以我便提議她把羽絨衣脫掉，但她喊冷，不肯脫，這事就暫時作罷了。

中午，眼看著太陽出來了，氣溫也升高了，給她拍照的時候我便又提了一次：「把羽絨衣脫掉吧，露出裡面，你自己那件衣服就好，外面這件羽絨衣實在太醜了。說實話啊，你男朋友買衣服的眼光真的不怎麼樣。」這句話剛說完，閨密的臉色瞬間變了，她撂下一句：「不拍了！」便怒氣沖沖地走掉了。

其實當時我自己也在反省：我是不是言語上確實有些過激了？可轉念一想，我們可是十多年的好姐妹啊，她居然因為一個交往不足三個月的男人的羽絨衣衝我發脾氣！我越想越覺得委屈，最後的結果就是兩個人一前一後地走著，中間隔著好遠的距離。

氣氛僵持了大半天，直到晚上我們兩個人的關係才緩和了一些。晚上臨睡前我們倆躺在床上聊天，她緩緩地開口道：「你知道白天的時候，我在生什麼氣嗎？」我正想向她道歉，她抱住我的胳膊，委屈地說：「因為你說我男朋友的眼光不好。他眼光怎麼就不好了，不好能看上我嗎？」

這件事後來究竟是怎麼收場的，我有些記不清了，但吃一塹就得長一智，這件事情讓我明白：再好的朋友之間，也是得把握住相處的界限，親密是有限度的，不要以自己的眼光過度干涉對方的選擇，才是對友情最好的保護。

生活中這些活生生的例子，無一不在告訴我們：無論對方是你的親人、愛人還是朋友，無論你們之間的關係有多親密無間，也依然要記得為彼此留有適當的距離，也就是所謂的「分寸感」。

對方想說的事情，那就聆聽，別深究；對方不想說的事情，那就別問，只陪伴。分清楚事情的主人公究竟是誰，不把自己的意志強加給對方。這種不越界並非情感生疏，反而可以讓關係變得更加親密。一如那句話所說：「最好的交往，是保持分寸感。」

不要讓那句「距離近了，美感沒了」的小品台詞演繹成真，言語有度、嬉鬧適當，不強求、不過度、不叨擾，這樣的距離才剛剛好。

承認失敗，有時比獲得成功更重要

其實，人生就像一場拳擊競賽。我們站在拳擊擂台上，拳頭總是迎面襲來，來得猝不及防，讓人措手不及。有時我們被揍得渾身是傷，受傷的我們往往只願在黑暗中獨自舔舐傷口，怕被人瞧見，也怕自己看見。甚至從此以後，連擂台都成了禁忌。

我讀高中時，心裡一直裝著一位假想敵。那個人是個女生，就在我樓上的班級裡。

故事開始於我國二那年。當時，班主任對我青睞有加，縣裡舉辦演講比賽，她幫我爭取到了學校裡唯一的參賽資格。備戰的日子裡，我每天對著鏡子練習許久。比賽那天，我發揮得還算正常，最終得了第二名。

那是我第一次見到那個女生，她是演講比賽的第一名。後來，去市裡比賽的時候我們又見過一次。因是同一地區派去的參賽選手，她又一直壓我一頭，所以我難免對她多留意了幾分。

巧的是，三年之後，我又碰見了她。那時我才知道，原來我們竟然考上了同一所高中。她可能並不認識我，倒是我，因為那成績落後於她的演講比賽一直留意著她的動向。原以為我們的交鋒已經終結於那次演講比賽，可事實上並沒有。

我高中時唯一拿得出手的就是數學成績了。在文科班，數學成績的高低是拉開分數的關鍵，所以我一直為我的數學成績感到自豪。

高二時，我們學校舉辦了一場數學競賽，成績最好的學生可以代表學校去省裡參賽。我記得那是我做過最無從下手的一張數學試卷，但最終出來的成績竟然還不錯。我始終記得當數學老師在課堂上說我有望代表學校到省裡參賽時，我的心情比之前數學成績拿了全年級第一時還要激動。

我熱切期待著參賽那一天的到來，甚至買了很多試卷做考前練習。可是等啊等，我最終沒有等到那渴盼已久的參賽通知，卻得到了樓上的某位同學已經去參賽的消息。那位同學不是別人，正是一直讓我耿耿於懷的那個女生。

多年後，問起高中好友是否還記得高中時的那場數學競賽。她的回答居然是：「毫無印象。」這麼多年過去了，至今依然無法釋懷的可能只有我吧！

其實後來我也遭遇過失敗，有過不甘心，但都沒有敗給那個女生來得刻骨銘心。我一直不太懂這是為什麼，直到有一天我看了一部日本電影《百元之戀》。

電影中的女主角一子最初活得很平凡，也很窩囊。在家啃老，被親人嫌棄，被趕出家門之後，只能在百元便利店裡當收銀員，她的生活苦悶而無趣。機緣巧合之下，一子認識了一個在拳擊館裡打拳的男人。一子以為屬於自己的愛情終於降臨了，可誰知拳擊男很快就露出「渣男」本性。

一子用心經營的愛情，在對方看來不過是逢場作戲。為了釋放心中的委屈，獲得哪怕只有一次的認可，一子走進了拳擊館。她戴上拳擊手套，不再頹廢，不再眼神躲避，不再含胸駝背，她成了一個眼中冒火、渾身充滿力量的女孩。

後來，一子去參加拳擊比賽。觀眾席上，曾經指責她的家人在，那個曾傷害她的男人也在。那是一場可以讓所有人改變對她偏見的比賽。一子抱著一定要贏的信念站上了擂台，但她根本來不及出拳，就節節敗退。教練在一旁瘋狂地吶喊，讓她使用最擅長的左勾拳，可她依然只能護住頭。

最後，她輸了，但她也贏了，她終於揮出了自己最擅長的招式。雖然比賽輸了，但她依然誠意滿滿地擁抱了對手，也坦率地吐露了「好想贏」的心聲。

那一刻，我又想起了曾經失落的自己。是啊，雖然失敗了，但真的好想贏啊！在對自己袒露心聲的這一刻，我像一子一樣，獲得了前所未有的解脫。

那時我才明白，一直以來讓我最為耿耿於懷的事情和他人其實沒有任何的關係。我明明兩次輸給那個女孩，嘴上卻始終不願承認。我一直不能正視與她兩次交鋒時的失敗，也一直未能與那個失敗的自己和解。

其實，人生就像一場拳擊競賽。我們站在拳擊擂台上，拳頭總是迎面襲來，來得猝不及防，讓人措手不及。有時我們被揍得渾身是傷，受傷的我們往往只願在黑暗中獨自舔舐傷口，怕被人瞧見，也怕自己看見。甚至從此以後，連擂台都成了禁忌。

想起實境節目《花兒與少年》節目的一句文案，用在此處尤為合適：「每一塊烏雲都鑲著金邊，所以，遭遇才會特別明顯。當世界對你關上一扇門，不要生氣，那是讓你練習面壁。也許，每個人都是孤獨的史努比。也許，一上場隊友就變成了對手。可是，勝利有時候不是因為戰鬥，只是因為學會了，勇敢地舉起白旗，和自己握手。」

以為自己不說，別人就不會知道，以為繞過去，就能跨過那道坎，但只有我們自己知道，心裡有塊大石頭一直搖搖欲墜地掛著。

害怕失敗是我們的本能，能夠坦率地直視內心，勇敢地承認自己的不足，那才是本事。

生命本無常，我們都該珍惜好時光

每一次聽到醫生宣告我的身體沒有大問題，我都像一個突然被赦免的死刑犯，從頭到腳都透著劫後餘生的慶幸與感慨。

最近，我對「生命無常」這四個字的感受越來越深。這並非因為某些公眾人物的意外離世而突發感慨，而是因為我周遭發生的一些尋常或不尋常的變化。

所謂尋常，是母親在電話中講述鄰里的訃聞。那些記憶中的面孔原本就十分模糊，這下更是只剩下一個個大致的輪廓，最後全部都隨著母親的一聲嘆息漸漸消失了。那些遠在家鄉的亡靈，讓我對死亡產生了敬畏。

所謂不尋常，其一是母親意外中毒，在醫院病房陪護時親眼見到了病人為了活下去而苦苦掙扎的樣子；其二是發生在我身上的一個烏龍事件。

某天早上醒來，我的眼皮變得腫脹不堪，敷了冰袋也遲遲不消腫。雖不疼不癢，但保險起見，我還是決定去醫院看一看。先掛眼科的號，眼科醫生很快地在電腦上敲下了「結膜炎」幾個字，並開了眼藥水和幾支外用藥膏。

一個禮拜之後，水腫未消，反而有愈發嚴重的趨勢。去醫院回診，眼科醫生看著我腫脹的眼皮，擰起了眉頭，建議道：「要不你去泌尿科看看，腎有問題也會造成眼部水腫。」就這樣，我又掛了泌尿科。

經過一番檢查，各項指標完全正常，泌尿科醫生糾結地說：「你要不去看中醫吧。」那一瞬間我真是鬱悶至極，可是又不能甩手不看了，畢竟，在不明原因的病症的困擾之下，誰能不膽小呢？

等我掛上一位中醫的號，才發現等他看病的人已經擠滿了走廊。當我終於踏進診室的時候，大半天的時間已經過去了。醫生把了我的脈，說：

「肺脈虛」，然後開了一些調理身體的中藥，讓我回家靜養。

又過了一個禮拜，我的病情愈加惡化，臉頰和下顎也開始水腫。實在沒辦法了，我抱著試試看的態度又去了皮膚病醫院，醫生瞄了一眼就下了結論：「過敏。」然而，多次在各科診室之間輾轉的經歷，使我對這名醫生的結論抱有懷疑的態度。可有什麼辦法呢？醫囑還是得遵守。令人心安的是，半個月之後，折磨了我近一個月的水腫終於消退了，看來是過敏無疑了。

一次小小的過敏症風波之後，家裡留下了什麼呢？一大堆化驗單，還有三千多元的藥費憑證。

在此之前，我從未如此懼怕過生病這件事。在這件事情之後，我忽然覺得生病真的是世界上最恐怖的事情。它不僅會像無底洞一樣耗盡你的金錢，還會用病痛折磨你的身體，更會用人類對未知的恐懼折磨你的精神，讓你變得焦慮、萎靡、驚懼不安。

有段時間我總是頭暈目眩，吃了好多補血補氣的東西都不見好轉，只好繼續往醫院跑。

十一月，北方已經很冷了。ＣＴ（電腦斷層）室門外的長椅上零零散散地坐著幾位老人，年輕人就我一個。我坐在藍色長椅上，閉起眼睛以緩解頭暈的症狀，突然就想起了數月前的一段對話。

那時我因吃螃蟹爪弄壞了牙，跑去診所鑲牙。醫生問我是否要鑲全瓷牙，我問他全瓷牙的特點，他說：「鑲全瓷牙的話，做ＣＴ的時候無須摘下來。」當時我就在想：我還這麼年輕，一時半會哪會有做ＣＴ檢查的需要啊。然而，僅僅過了數月而已，我就躺到ＣＴ機上去了，真是挺「打臉」的。不過，唯一讓我感到欣慰的是，我當初選擇了鑲全瓷牙，這個決定稍稍減輕了我病中的懊悔感。

很多年前，我和老媽閒談的時候聊過關於死亡的話題。我告訴她，如果我年輕時死於意外，我願意把自己全部的器官捐獻給有需要的人；如果我年老時死於疾病，我願意將自己的遺體獻給研究所，為國家的醫療事業盡一份綿薄之力。老媽的反應可想而知：「呸呸呸，說的都是什麼渾話。」

在老媽眼裡，死亡是莫大的忌諱。但我不忌諱，我敬畏死亡，只是不願親近它罷了。

請你相信，當我如此坦蕩地與你討論死亡的時候，並沒有抱著一絲一毫的悲觀情緒，我依然熱愛生活，比任何人都愛。只是在生活中無數個未知的風險面前，我覺得有必要提前做一些事情。我不想當自己真的命不久矣時，再去探討活著的意義，那將毫無意義。

我經歷過一次又一次等待現代醫療儀器的「審判結果」的難熬時刻。那個「審判結果」有時候是我媽媽的，有時候是我自己的，但所有焦灼等待時的沈默與胡思亂想都是我自己的。

每一次聽到醫生宣告我的身體沒有大問題，我都像一個突然被赦免的死刑犯，從頭到腳都透著劫後餘生的慶幸與感慨。每經歷一次這樣的事情，我都會更加熱愛生活，都會馬不停蹄地去做更多的事情，去完成更多還沒有完成的夢想。那種狀態就像噩夢驚醒後的大口喘息，就像沙漠旅人找到綠洲後的貪婪狂飲。

時光易逝、生命無常，我們永遠都不知道明天和意外哪個會先來到。如果可以，希望你我都能珍惜生命，大口呼吸，轟轟烈烈地在這世上活一場。

只要敢想、敢拼，就不會眞正老去

真正的「老」，其實是對世界的妥協。
當一個人不敢再去冒險，不敢再去嘗試，
以為自己已經瞭解了這個世界，實際上不過是畏縮於原地，
不敢奔向未來時，他才是真的老了。

公車剛一到站停下，馬上擁上來一群人。他們個個穿著校服，應該是站點附近某所學校的學生，面孔稚嫩、青澀，伴著吵雜的交談聲，就這樣闖入了我的視線。

他們穿的校服和我當年穿的校服差不多，還是最常見的藍白相間款，最令人艷羨的青春全寫在了他們臉上。這一刻，我突然萌生出一個念頭：

我和他們之間好像不只隔了十歲的年齡差。我恍惚間意識到，自己好像是老了。

年輕時的我，穿再醜的衣服也要配上一雙漂亮的小皮鞋。可如今，衣櫃裡的衣服早已從曾經的五顏六色變成了清一色的淡雅樸素，一如日漸成熟或者說日漸老去的我。

想到這裡，我忍不住感嘆一聲：「年輕，可真好！」

再仔細一想，我是真的變老了嗎？到底什麼才能代表一個人真正變老了呢？

相較前些年，我的心態和生活方式確實發生了很大的變化。比如，我慢慢能克制住自己那曾放縱的食慾。每天晚上十點回家，穿過一片漆黑的走廊，經過一條更漆黑的綠蔭大道，接下來就是一場理智與慾望的較量：煎餅果子、肉夾饃、羊肉串、奶茶、壽司、巧克力蛋糕、鴨脖、炸雞、烤豬蹄、酸辣粉……凡是想吃的，就沒有買不到的。

每到此時我都想堵住我那異常靈敏的鼻子，拍拍我那咕嚕咕嚕響個不停的肚子。不過最近幾年我越來越能控制自己了，我再也沒有在一日三餐之後放肆地吃過第四頓飯了。

戒掉夜宵，戒掉暴飲暴食，戒掉晚睡晚起，這些就能代表我正在告別恣意的青春，逐漸變老了嗎？平和與自律從來不代表一個人已衰老。

我曾不只一次地和別人探討過「究竟是『老』可怕，還是『死』更可怕」這個問題。我堅持認為「老」比「死」可怕得多。我堅信：死亡無法預料，所以並不可怕。我們只要將每一日都當作生命中的最後一日努力地活著，就能不枉此生。相比之下，「老」很不一樣，你能看到它——無論是頭上白髮、逐漸脫落的牙齒，抑或眼角的皺紋，都在時刻提醒著我們我們正在一步步走向衰老，靠近死亡。

一次，朋友跟我抱怨自己的舅舅。他和舅舅的年齡只相差十二歲，從小就在一起玩。他說舅舅年輕的時候時髦又敢闖，村裡第一個騎摩托的人就是他，村裡第一個南下闖蕩的人也是他，村裡第一個蓋二層小樓的人還是他。在朋友的眼裡，舅舅一直是偶像一般的存在。

可最近他發現舅舅變了。這兩年生意不好做，朋友所在的公司因效益不好，迅速做出了裁員，朋友也在被裁的名單中。他在家休息了一段時間，就又開始四處投履歷了，結果半點回應都沒有。

正好他有個同學在省城新開了一家快遞公司，缺幫忙的人手，便招呼他過去幫忙。他想著既可以賺錢又可以學習一下快遞的經驗，以後說不定還有機會在老家開家屬於自己的快遞公司，也就心動了。

結果他剛把想法跟家裡人一說，便遭到了全家人一致的反對，其中，舅舅的反對聲是最大的。舅舅說：「你都快三十歲的人了，出去闖還能闖出什麼名堂？你在外面遇到事情了誰能幫忙解決？你還不如在老家老老實實地找個穩定的工作，實在找不到就到我店裡幫忙！」

朋友抱怨道：「你說我舅舅怎麼越活越倒退了？他當年口袋只有五百元就敢隻身跑去廣東闖蕩，怎麼到我這他就怕了？」

那一刻，我突然覺得，真正的「老」，其實是對世界的妥協。當一個人不敢再去冒險，不敢再去嘗試，以為自己已經瞭解了這個世界，實際上不過是畏縮於原地，不敢奔向未來時，他才是真的老了。

人常常不是敗給自己日漸衰老的肉體，而是敗給日漸枯槁的內心。人生漫漫，雖然歲月不可避免地會在我們身上刻出星星點點的痕跡，但我們可以選擇保持內心的激情與活力。外表不再年輕又怎樣，只要我們仍然敢想、敢拼，就會「正青春」！

長大的意義，是成為別人的依靠

感覺自己成了被生活催熟的「早衰青年」，頭髮沒有變白，臉上也沒有皺紋，可就是感覺心「老」了。成熟了嗎？也不算，只是突然明白了「責任」二字的意義。

小暑前後，北方的雨季悄悄來臨，記憶也跟著沾了濕漉漉的潮氣。六月末染上的風寒剛剛好轉，新一輪的磨難便猝不及防地闖進了我的生活——媽媽突發疾病住院了。

報憂電話是堂妹凌晨兩點半打來的。堂妹畢業於衛生護理學校，目前在縣城的醫院當護士。她給我講了一堆我聽不懂的專業術語，一再地寬慰我：「已經搶救過來了，現在沒事了。姐，你別擔心。」

怎麼可能不擔心呢？聽到消息的那一刻，我的大腦一片空白，只是機械地從床上爬了起來，然後開始收拾行李，用一件又一件東西將紅色的行李箱填滿。我很難過，很委屈，很迷茫，為這突如其來的打擊，也為長久以來的不如意。

那段時間常聽那首《曾經我也想過一了百了》：「曾經我也想過一了百了，因為鞋帶鬆開了，我不擅長將它好好繫緊」當時覺得人生真像盪鞦韆一樣，起起落落，痛苦揮之不去，周而復始。

媽媽是因劇烈的肚子疼被緊急送往醫院的，檢查結果為食物中毒。由於去年她因腹腔內長腫瘤住過一次院，症狀也是肚子劇痛，大家都以為是舊病復發了。幸好只是虛驚一場。然而，食物中毒治療起來也不簡單。媽媽的腹腔內有大量積水，需要不斷地打點滴消炎；而且媽媽不能吃飯，每日只能靠輸營養液維持生命。病房裡除了媽媽之外，還住著一位年過八旬的老奶奶。

那位老奶奶白天熟睡，一到夜晚便「化身」三歲的孩童，一會兒喊著要小便，一會兒喊著要大便，一會兒可能又喊起了媽媽。夜裡，老人常常閉著眼睛大喊兒子的名字，喊他怎麼不到床前看看自己。陪護她的兒子只能一次又一次地從椅子上起身，一邊給她換紙尿褲，一邊還得小聲地和她商量：「您說話時能不能小聲一點？現在這樣會把別人都吵醒的。」

在這樣吵雜的環境中，人根本無法安心入睡。媽媽經常整夜地睡不著，眼睛雖然閉著，卻一直翻來覆去，所以恢復得也慢。那陣子我的精神壓力很大，沒有食慾再加上睡眠不足，一度感覺自己快抑鬱了。但是作為陪護，我知道自己必須堅強地站在病人面前，不能露出一絲消極的情緒。

醫院是從清晨五點開始熱鬧起來的，這時會有護士進來為病人採血、量體溫，也會有賣早點的人推著餐車在走廊裡走動。所有人都一臉疲憊，根本分不清楚誰才是真正的病人。

我靠著最後一絲意志力苦苦地支撐，終於撐過那難熬的一個禮拜。但那位老奶奶半夜的叫喊聲卻成了我後來很長一段時間的夢魘，很多原本應該美好的夜晚，也因這記憶中太過深刻的一幕而變得恐怖起來。

在醫院陪護時，我聽過很多病人家屬間的對話，在那裡，「死」是他們背著病人提及最多的一個字眼，「錢」字則次之。病人要如何面對死亡，病人的家屬要如何負擔高昂的醫療費，是這裡折磨眾人的兩大噩夢。

錢在醫院似乎並不是錢，只是一串不斷累加的數字而已，卻足以輕易地壓垮一個普通的家庭。在這裡生命的長度也開始按秒計算，每天躺在床上，盯著雪白的天花板等待死亡的感覺，是恐慌還是淡然，恐怕只有身處其中的人才能體會。作為旁觀者，我當時只感到疲憊與焦灼，還有揮之不去的惶恐。

猶記得那時的親戚們又像高考之前那樣挨個找我談話，他們一致勸我回老家，回到父母的身邊。他們的想法我能理解，「父母在，不遠遊」，作為獨生女，我肩上的責任很重。可是，我真的該回去嗎？回去以後我又能做什麼呢？

媽媽每天輸的營養液就要八百六十元，再加上住院費、檢查費、護理費等，每天支出高達數千元。而這次僅僅是偶然的食物中毒，如果下次換成其他大病呢？以我目前在二線城市的薪水尚且支撐艱難，如果我真的回到四線小城的家鄉，到時候怕是連買營養液的錢都負擔不起了。

以前我對錢沒什麼概念，一直處於「一人吃飽全家不愁」的狀態，沒有太多積蓄，但也從來沒有在錢的事情上感到困窘過。可就是那個深夜，在護理站顯示著所有醫藥費用明細的電腦前，我羞愧得抬不起頭來。

很久以前在網上認識過一位自由設計師。我看過他的作品，他雖然不是科班出身，但作品很棒，有特點，有靈性。他畫得很好，但脾氣怪，拒絕一切他覺得毫無藝術性可言的設計要求，因此流失了很多潛在的客戶。

他曾說過，「藝術」二字於他，就像生命一樣珍貴。就是這樣一個熱愛藝術的人，卻在三十歲生日的當天突然宣佈再也不畫畫了。之後，他開始推銷保險。從他的微博裡，我陸續瞭解到事情的真相。

原來，那段時間他的家庭遭遇了重大變故。他的父親因交通事故住進了醫院ＩＣＵ，搶救了很多天才勉強保住了命，母親因急火攻心也住進了醫院。為了支付高昂的醫藥費，也為了有更多的時間可以到醫院照顧父母，他不得已做出了這樣的決定。他的轉變，讓我第一次見到了一個人向生活屈服的樣子。不知道他以後還會不會有機會重新拿起畫筆，做回他喜歡的設計工作。

人生好像就是這樣，它像一輛沒有固定行駛路線的汽車，一不小心就會轉變方向，駛向一個之前從未想過的方向。

一次公司教育訓練完，一位同事順路送我回家，閒聊中瞭解到，他曾在北京奮鬥過好幾年。我問：「那你為什麼還要回小城市呢？在那兒工作、生活不好嗎？」他說：「可是在北京買不起房子啊！我自己倒無所謂，但總歸要考慮老婆的想法和孩子未來的升學問題，人活著不能只考慮自己啊！」

「人活著不能只考慮自己」，這話聽起來如此耳熟，前不久另外一個朋友好像也說過。當時，那個朋友要回老家結婚，臨走前他跟我說：「父母歲數大了，最近幾年身體越來越差，我不能只考慮自己……。」

二十八歲，感覺自己成了被生活催熟的「早衰青年」，頭髮沒有變白，臉上也沒有皺紋，可就是感覺心「老」了。成熟了嗎？也不算，只是突然明白了「責任」二字的意義。

幫媽媽辦理出院手續的那天，媽媽對著我感慨了一句：「有我女兒可真好！」就在那一刻，我的心裡突然溢出滿滿的幸福！原來，曾經那麼弱小的自己竟然也不知不覺成長為父母的依靠了。

當時不解，為什麼生活似乎總是在催促著我們快快長大？是為了讓我們更成熟、更有成就嗎？後來才發現，好像不是。其實生活只是想以這樣的方式提醒我們：在這個世界上，我們對一些人來說，很重要。

No.5

堅定地過自己喜歡的生活，

才是告別焦慮的活法

想要怎樣的生活，就付出怎樣的努力

世間其實沒有太多解決不了的問題，
也沒有太多跨越不了的高山，只要你足夠努力。
一旦停下前進的腳步，的確可以不必經歷那些溝渠、泥濘，
但同樣也看不見遠方的風景。

週末一大早，我被鄰居激烈的爭吵聲吵醒。

我隔壁住著一對年輕情侶，我只在搭乘電梯的時候碰見過他們，從未有過交談。但從他們多次的爭吵聲中，我對他們的情況多少瞭解了一些。男孩被公司裁員後，一直待業在家，整天只知道打遊戲，餓了就叫外賣，吃剩下的餐盒就堆在走廊裡，早已引起了鄰居們的不滿。女孩應該是有工

作的，起先她還會幫忙收拾外賣盒，後來乾脆也不管了，任其堆在走廊裡散發出難聞的氣味。

兩人吵架的原因無非就是女孩質問男孩什麼時候出去找工作、什麼時候去上班。男孩的回答永遠是「在找了」，末了還要補充一句：「之前上班賺的錢還不是全都給你花，你能不能對我有點信心，以後我一定讓你過上想買啥就買啥、想去哪兒就去哪兒的日子！」

那個週末之後，隔壁很久都沒有再傳來爭吵聲，走廊裡堆放的餐盒也不見了。後來再碰見的時候，就只剩下那個男孩，他的女朋友再也沒出現過。我想，他們可能是分手了吧。不知道男孩有沒有後悔過。

我們身邊不乏像男孩這樣的人，整天幻想著自己在未來的某天會過上心中嚮往的生活，但卻懶於付出真正的行動。

可能有人會告訴你：「在這個時代，很多事情即使你努力了也不一定有結果。」可那又怎麼樣呢？網上有這樣一段話：「要得到必須要付出，要付出你還要學會堅持，如果你真的覺得很難，你堅持不了了，那你就放棄，但是你放棄了就不要抱怨。我覺得人生就是這樣，每個人都是透過自己的努力，去決定自己生活的樣子。」

從此刻開始的每一秒鐘的努力，都可能改寫你人生剩餘的篇章。

如果時光可以倒流，我真想回到十九歲那年，那個足以改寫我人生走向的夏天。

高考對於我而言，沒有太特別的回憶。高考之前，我的心態跟高一、高二時沒有太大區別。從晚自習下課到十一時熄燈，我除了洗漱，剩下的時間幾乎全部用在與分叉的頭髮絲較勁上。剛一熄燈，我立馬把臉捂進不算柔軟的枕頭，很快進入夢鄉。

我就以這樣的狀態度過了高考前的無數個夜晚。那時的我對大學沒什麼概念，我只知道自己可能無法去十分嚮往的那個城市了，覺得再努力也創造不了奇蹟，於是我放任自己變得散漫。

所有浪費時間的結果，都體現在最後的高考成績上。那低於文科綜合成績平均分的三十分，就是我與重點大學之間的差距。我所有浪費掉的時間不僅體現在高考成績，還體現在我生活中無數個無知的瞬間。

後來，我常常在想，如果人生可以重新來過，努力拼搏一次又何妨？

如果說我在過去的人生中有何遺憾的話，就是在高三的那一年沒有用盡全力地去拼一把。我恨自己為什麼要在本該堅持的時候草率地選擇放棄，然後卻用餘生去彌補那些曾經被浪費的時間。

值得慶幸的是，我明白這個道理的時候並不晚。大學期間，學生們都有充裕的個人時間。因為我們學校地處城市郊區，沒有過多的娛樂項目，所以室友們常常湊在一起看韓劇，彼時的我卻沈迷在書海裡無法自拔，立志看遍圖書館的文學類圖書。事實證明，這是個不可能完成的夢想，但我卻在閱讀的過程中逐漸感受到了文字的奇妙，並逐漸回憶起了我在國中時想當作家的夢想。

這一次，我不再只是想想。

大學二年級，我開始以「獨慕溪」的筆名在各大網站投稿，在輾轉了幾個知名的小說網站後，終於成為其中一家小說平台的簽約作者。我徜徉在文字的海洋裡，不僅靠自己的努力賺到人生中的第一桶金，同時也收穫了我的第一批讀者。

後來，微信公眾號興起，我開始嘗試散文創作，試著讓文字貼近生活。二〇一七年，我創作的一篇文章在網絡上走紅，多家知名媒體爭相轉發。隨著暴漲的閱讀量一同而來的還有一紙圖書出版合約。堅持創作的第六年，我終於迎來了屬於自己的出版機會。

這就是我的寫作故事，聽起來可能沒多麼精彩，也沒多麼跌宕起伏，可我自始至終都明白：我想要成為什麼樣的人；為了實現這個目標，我從未停止努力。

看看名人傳記你就會發現，大部分名人成功的要素都包含以上兩點。可能太絕對，但我們都該相信，只要努力過，就一定不會那麼遺憾。

世間其實沒有太多解決不了的問題，也沒有太多跨越不了的高山，只要你足夠努力。一旦停下前進的腳步，的確可以不必經歷那些溝渠、泥濘，但同樣也看不見遠方的風景。

努力拼搏吧！未來想要什麼樣的生活，此刻就付出相應的努力。你要相信，從此刻開始的每一秒鐘的努力，都可能改寫你人生剩餘的篇章。別讓後悔充斥你的餘生。

別用嘴上的「佛系」，掩飾內心的恐懼

我們內心明明很想得到某樣東西，
但卻總是努力表現出一副雲淡風輕的模樣，
錯失後到頭來後悔的是自己，難過的也是自己。
我們真的不行嗎？不，我們只是害怕自己不行，我們怕失敗。

看一檔節目的後台花絮，影片中，嘉賓給在場所有參賽的選手們出了一道選擇題：「如果『ABCD』四個字母分別代表著『想要趕緊結束』、『想結束卻捨不得』、『希望節目慢點結束』、『永遠不想結束』四種選擇，你會選擇哪一個？」

那是一個接受多少目光就需要承受多少壓力的節目，對於參賽選手而言，是一項備受煎熬的挑戰。選擇「永遠不想結束」的人很少，其中有個女孩說了這樣一番話：「一直想留下來，因為這個機會對我來說很重要。我很害怕面對結果，也很害怕出去就沒有更好的舞台了，所以我很捨不得。」她聲音中的哽咽深深觸動了我，那一刻，我覺得這個女孩值得這樣一個機會，一個可以留在舞台上的機會。

但在這個世界上，並不是每一個人都有逐夢的勇氣。

作為普通人，我們多數時候不敢對機會做出回應。與其爭當鶴立雞群的少數人，我們寧願自己是人群中毫不起眼的大多數。於是，不愛爭搶的性格孕育了新時代的「佛系青年」。

網上對「佛系青年」的釋義為：快節奏的都市生活中，追求平和、淡然的生活方式的青年人。可在我看來，這看似淡然的生活方式背後，隱藏著的是青年人內心的恐懼。因為害怕失敗，所以不爭不搶。

仔細回想一下，這些年你因為不敢爭取，錯失了多少機會？

我們內心明明很想得到某樣東西，但卻總是努力表現出一副雲淡風輕的模樣，錯失後到頭來後悔的是自己，難過的也是自己。我們真的不行嗎？不，我們只是害怕自己不行，我們怕失敗。我們往往只有到回想的時候才會發現，如果當初可以勇敢一點點，敢為自己努力爭取一把，那麼，即使結果不盡如人意，之後也不會那麼後悔吧！

電影《飲食男女》中有這樣一句台詞：「人生不能像做菜，把所有的料都準備好了才下鍋。」仔細想想，的確如此。當機會猝不及防地出現在我們面前的時候，最讓我們戰戰兢兢的，往往是內心深處覺得自己的實力不能與機會相稱，尤其是當別人同樣對你產生懷疑的時候，這種想法會愈加強烈。

但是，千萬別怕啊，正如日本當紅創作歌手植村花菜的故事《廁所女神》裡外婆對花菜說的：「活著啊，就會遇到不合理的事和無法理解的事，還有很多自己力所不能及的事。然而這才正是接受考驗的時候。是怨天尤人，止步不前，還是吸取教訓，繼續前進？這兩個選項，每個人都有選擇權。」

猶記得上學時，每當考試過後，我覺得自己考得還不錯的時候，就會很期待成績的公佈；而覺得自己成績不太理想的時候，就特別害怕成績的公佈。但當我們離開校園，步入社會之後，結果也變得複雜起來，它不再是上學時那種「要麼進步，要麼退步」的單選題。很多成年人可能畏懼到連「考場」都不敢進。

及時抽身或者選擇不去開始，確實不至於輸得太過狼狽，可那樣做獲得的結果有什麼意義呢？正如《廁所女神》裡外婆對花菜說的另外一句話：「想做的事沒有做過，後悔是很痛苦的；想做的事做了，就算失敗也會釋然。前面有的是路，但是如果你不邁出第一步，就哪兒也去不了。」

誰不害怕遇到糟糕的結果？但即使預感到前路崎嶇，也不能輕言放棄啊！人生路上，我們最不該做的就是用嘴上的「佛系」去掩飾內心的恐懼。願親愛的你，永遠擁有為自己而戰的勇氣。

今天多爭取一次，明天就少一點遺憾

我在一天天地變得成熟，可我也越來越容易懦弱和膽怯。曾經年少輕狂，敢不顧一切，如今卻只想適可而止。

一個可愛的女孩在看了我出版的第一本書後，輾轉找到了我，和我分享她的一些讀書心得，我們因此相識。女孩跟我傾訴，自己在一家書店買書時，遇見了一個令她心動的男孩。她跟我說特別後悔當時沒有勇敢地跟對方索取聯繫方式，問我有沒有什麼方法可以找到對方。

我決定幫她尋找那個令她心動的男孩，雖然我的力量很薄弱。當天晚上，我在自己的微信公眾號上貼了一篇文章，又在微博上吆喝了一圈，甚至買了推播贊助。

在六百萬人中尋找一個人無異於大海撈針，找到的機會極其渺茫。我跟她說：「你要做好心理準備，一來我們很可能找不到他，二來即使找到了，對方也可能已經有女朋友或者結婚了。」女孩很坦然地回覆我：「沒關係，我已經很多年都沒有遇到過看一眼就喜歡上的人了，我不想就這樣輕易地錯過！」

她這種勇氣是我萬萬不及的。年齡漸長，我越來越覺得遇不到令自己心動的愛情並不可怕，逐漸喪失愛一個人的能力才是真的可怕。我在一天天地變得成熟，可我也越來越容易懦弱和膽怯。曾經年少輕狂，敢不顧一切，如今卻只想適可而止。

這位勇敢的女孩，喚起了我內心深處的柔軟，我突然領悟：「幸福應該是靠自己爭取來的，最後的結果可能不盡如人意，但多爭取一次，人生就會少一份遺憾。」

後來，我們真的找到了那位令女孩心動的男孩。是的，在一個有著六百萬人口的城市中，我們真的找到了他。剛得知找到的消息時，我是相當激動的。在要到對方的聯繫方式後，女孩和男孩約著見了面。只不過男孩雖然沒有女朋友，可他的性格跟女孩想像中的相去甚遠，後續自然不了了之。

我很怕那次見面會讓女孩產生挫敗感，讓她對戀愛失去信心，甚至影響她以後的擇偶觀，但實際上並沒有。女孩說她很慶幸自己可以這樣快速地認識並瞭解一個人，而不是長久地陷入自己虛構的美好幻境之中。我驚嘆於她的果敢，她不僅擁有追逐的勇氣，還擁有放手的灑脫。於她而言，就算是糟糕的結果也意味著一個全新的開始。那一刻，我遺憾沒能早幾年認識她。

曾聽過這樣一段話：「我終於意識到，失去勇氣就意味著喪失了面對挑戰的機會，不但於事無補，還可能讓我終身悔恨。人生在世，我們要用勇氣改變可以改變的事情，用胸懷接受不能改變的事情。」

後來，當再有人問我「究竟應不應該去向喜歡的人表白」的時候，我常常這樣回答他：「當你開始糾結應不應該去向你喜歡的人表白的時候，其實已經證明這將是一件不做就會讓你感到後悔的事情。你現在之所以這麼糾結，只是因為你不確定自己能否承受那個可能到來的不盡如人意的結果。如果你真的覺得很難選擇，那你不妨換個說法問問自己：遭受失敗和未曾努力，哪個更加令自己難以接受？相信你會找到答案的！」

心中的夢想，值得我們堅持到永遠

「是不是有些夢想只適合存在於我們的腦海中，並不適合去實現？是不是總有些事情是無論怎麼努力也終究沒有結果的？」沒有人告訴過我答案，所有的答案都是我在不斷地迷失與追尋的過程中獲得的。前路漫漫，霧靄茫茫，我就這樣一路跌跌撞撞地前進著，從未停歇。

和朋友一起去吃燒烤，隔壁桌的大哥明顯酒喝多了，音量一句比一句高。他說自己快堅持不下去了，為了自己的夢想，他已經花了將近二十萬元了，可除了一身債務，他一無所有。

他頹喪地說道：「夢想，那是有錢人才配擁有的東西。我呢，就是一個普通的小老百姓，再怎麼撲騰也變不成枝頭的鳳凰……。」他的朋友在一旁勸慰：「你喝多了，回家睡一覺吧，煩心事留到明天再想。」就這樣鬧了好一會兒，直到他們離開，店裡才終於恢復了平靜。

從頭至尾，我都沒聽明白那位大哥口中的夢想究竟是什麼，只是隱約知道大哥賠錢了、傷心了，也決定放棄了。

朋友也若有所思說：「我特別佩服你，願意為了自己的夢想堅持這麼多年。我早就覺得你一定行的，這不，果真沒讓我失望。」她見我表情疑惑便掏出了手機，翻找了半天，欣然一笑：「你看，就是這個。」

我接過手機，看到螢幕上面是一張我的照片，照片下面配的文字是：「我想出一本書——散文集那種，所以我每天都堅持寫文章。我是一個很容易三心二意的人，愛好有過很多，唯一堅持下來的只有寫文章了。我甚至不敢想自己可以成為作家，只是貴在堅持吧！」

我已經記不清自己是什麼時候、在什麼網絡平台上寫過這樣的話了。她手機上的這張照片，倒是讓我重新認識了自己。

她接著說道：「你現在如願出版了自己的書，終於實現了自己多年的夢想，我真的很為你開心。但是……」她指了指旁邊那張一片狼藉的桌子，繼續說道：「和剛剛那個喝多了的大哥一樣，我也放棄了曾經的夢想，老老實實地做回了普通人，其實……」她頓了頓，又說：「我也是有過夢想的……。」

我們又就這一話題聊了許久，回去的路上我還一直在想：真正的夢想可以隨隨便便地放棄嗎？至少，我做不到。

想起幾年前火紅的一組照片——《上半身理想，下半身現實》。背景是理想，地面則是現實，而人物便處於中間的位置，徘徊在理想和現實之間。實際上這組照片早在二〇一一年「平遙國際攝影大展」上便展出了，當時獲得了很高的關注，照片原名為《現實給了夢想多少時間》，作者是範順贊。時間再往前推移五年，也是在「平遙國際攝影大展」上展出的範順贊的另一組作品《在他們自己的時間裡》便是這組照片的前身。

兩組作品用不同的表現方式述說了理想與現實的關係。我想，這些作品之所以時隔多年還能夠在社會上引起如此高的關注度，想必是因為凡有過夢想的人都能對此產生一些共鳴吧！

現實給了夢想多少時間？

在我們還小的時候，我們的時間是充裕的，夢想是奔向神秘的未知世界。我們可以只因為喜歡星辰閃爍的夜空，便驕傲地說自己的夢想是當飛行員。那時候的夢想純真又堅定。

然而，當夢想的神秘面紗逐漸被揭開，變得清晰可見的時候，現實留給我們的時間卻越來越少。很多時候，夢想就在一門之外，而我們卻因為不夠堅定的內心而被禁錮在房間內。

每個人都有做夢的權利，可並不是每個人最終都能夠實現自己的夢想，這就是殘酷的現實。

很久之前，我也曾經迷惘過，那時候常常會想：「是不是有些夢想只適合存在於我們的腦海中，並不適合去實現？是不是總有些事情是無論怎麼努力也終究沒有結果的？」沒有人告訴過我答案，所有的答案都是我在不斷地迷失與追尋的過程中獲得的。前路漫漫，霧靄茫茫，我就這樣一路跌跌撞撞地前進著，從未停歇。

那位跟我談論夢想的朋友反覆在說同一句話：「過了愛做夢的年紀，還能夠堅持自己夢想的人都特別偉大。」我深以為然。

夢想本身並不偉大，偉大的是為了夢想而一直默默地堅持著、努力著的人。

平時多多未雨綢繆，「好運」會接踵而來

所謂的人生應急方案，其實沒有什麼訣竅，
它僅需要你為自己的人生多考慮一步，多努力一些。
這樣，在風浪突然來襲時，
你會驚喜地發現，自己是如此的「幸運」。

一對情侶在我面前爭執了一路，完全攪壞因臨時調休而有的好心情。

二人爭執的焦點在於：應該把攢下的錢用來開店還是用來買車。女孩希望男友把現在的工作辭掉，二人用攢下來的錢租個店鋪做點小生意，等他們賺了更多的錢再買車；男孩則堅持認為應該先買車，這樣，他上班就可以不用再擠地鐵了。

雙方各持己見，爭論不出結果。只聽女孩說：「這幾年你們工廠的效益越來越差，你看看有多少人辭職不幹了啊！工廠倒閉那是早晚的事，你還不如早點辭職算了，咱們趁手頭有點餘錢，可以租個鋪子，賣點東西。你看看人家李姐兩口子，每個月光賣早餐都可以賺不少錢。」

「你就只看見人家賺錢了，人家兩口子每天凌晨三點半就起床忙活了，你能起得來嗎？」

「我們不一定要賣早餐啊，賣點別的總行吧。」

「算了吧，別瞎折騰了。你要想辭職就辭，反正你那工作也賺不了多少錢。不過我可不辭，我們工廠效益確實不好，可我們也悠閒啊。」

「可你這樣天天混日子也不是辦法啊，一個月就賺那麼兩三千塊夠幹什麼的，咱倆還結不結婚了？」

「這跟結不結婚有什麼關係，你看你又開始上綱上線……。」

「什麼叫我上綱上線，本來就是你不對！」

直到我下車，他們都沒能結束這場爭論。

天空突然下起傾盆大雨，夏天的雨總是這樣，說來就來。街上，帶傘的人動作嫻熟地撐開雨傘，大步走進雨中；沒帶傘的人只好焦急地躲在站牌底下，煩躁得直跺腳；還有那種既沒有帶傘，又沒有及時找到地方躲雨的人，頂著大雨狼狽不堪地在雨中奔跑；雨中的這一幕就像是對剛剛那對情侶的爭執做出了回應。

人生中的很多瞬間不也是如此嗎？天空變陰沈的時候，每個人都看到了。可如果連續很多天只陰沈不下雨，有些人在出門前就會抱有僥倖心理，他們會覺得不帶傘也沒事——那麼多天了，不都沒下雨嗎？所以，最容易被淋濕的就是這類人。

在我看來，那對爭執的情侶中，女孩是未雨綢繆的一方，男孩是心存僥倖的一方。當意外突然來臨時，如果沒有「傘」，他們如何保護自己不被「淋濕」？況且，生活中的很多意外在來臨前並不會給我們太多警示。當災難突然降臨到自己頭上時，如果我們沒有充足的應對策略，就很難順利地渡過難關。

某個夏天，大連竟出現了罕有的颱風天氣。當時看到一個朋友在微信發佈了這樣一條動態：「新房漏水，剛刷好的牆就這麼被毀了。事先考慮到了窗縫可能會滲水，我還特地加密了窗縫，可怎麼都想不到這暴雨也可能滲過樓上鄰居家的窗縫來到我家；但是，幸好我準備了應急方案，事先買了房屋險，我真是太機智了，哈哈哈哈！」之所以對他的這條動態印象深刻，是因為它在一排「曬慘」的動態中顯得非常突兀。

仔細想想，當我們知道災難有可能會降臨的時候，為什麼有的人就可以事先做好準備，將暴風雨所造成的損失降到最低呢？只是因為他比別人多想了一步，並預先準備了應急方案。

其實，人生的方方面面都應該有應急方案。所謂的人生應急方案，其實沒有什麼訣竅，它僅需要你為自己的人生多考慮一步，多努力一些。這樣，在風浪突然來襲時，你會驚喜地發現，自己是如此的幸運。

過自己喜歡的生活，才是不焦慮的活法

所以備感焦慮，只是因為不知道自己是誰，自己從哪裡來又將到哪裡去，自己真正想要什麼。如是說來，像是一個哲學問題。可生活本身就是不斷與自己對話並且給出答案的過程啊！

在新媒體迅速崛起的網路時代，「販賣焦慮」的文章數不勝數。因為「知道的太多」，很多人陷入了深深的焦慮和恐慌之中。

一個學妹跟我說她最近找了份自己喜歡的工作，但是薪水比較低，而同屆畢業生找的工作好像都比自己的工作體面，薪水也更高。所以她感到既失落又焦慮，不知道該不該辭掉現在的工作，去換一份更體面或更高薪的工作。

如果她同窗的薪水水平和她持平，這種心理落差和焦慮感會不會小一點呢？我想肯定會的。然而，現實情況是，說不定有不少人羨慕她找了份自己喜歡的工作呢！

當我問你：「你喜歡的生活是什麼樣子的？」我相信每個人都有自己的答案：有人想要有錢一點，有人想要安逸一點，有人想要自由一點，有人想要快樂一點；這是一個沒有標準答案的問題，卻是一個容易讓人沈思的問題。

如果我繼續追問：「你是否過上了自己想要的生活？」相信肯定也會有一些人選擇沈默。

你明明嚮往自由，卻每天困於格子間內，早九晚五；你明明喜歡安逸，但下個月的房租、給朋友結婚的紅包錢都在催促著你更努力一點，多賺些錢；你明明希望快快樂樂地過每一天，可焦慮已經讓你忘記了該怎麼微笑。

所謂焦慮，很多時候並不是來自外界，而是源於自己對目標不太堅定、意志太過薄弱的同時，還在給自己的不足瘋狂「加戲」。試想一下，別人在自己擅長的領域富有或成功，與你何干？只要你按照堅信的目標前進，一步一個腳印地去努力，又何愁沒有實現自己人生價值的那一天？

身邊的同年齡人中，小鴿子是我打心底敬佩的一個。主修國際貿易畢業後，小鴿子才發現自己喜歡歷史，於是她毅然跑去考歷史系研究所。最近，她正在準備攻讀博士。她和我說過最多的一句話是：「和那些學金融或是學英語的人相比，我可能要過清貧的生活了……但我真的喜歡歷史。」「清貧沒關係，只要我喜歡。」這正是我佩服她的原因。她很明確地知道自己想要什麼，在她的價值體系裡，別人的財富與成功都是浮雲，自己想要的才是最好的。

如果想要自由，就為了擁抱自由而努力，承受自由帶來的孤獨，累積獲得自由的實力；如果想要安逸，就享受生活，少去和別人比較；如果想要快樂，就放聲大笑，樂觀地面對煩惱。

任何想要的生活都有相對應的煩惱，但正是因為喜歡，所以在應對這些煩惱的時候才更加主動。

說到這，不得不提到電視節目《最強大腦》中的「腦王」楊易。楊易畢業於清華大學，生命科學碩士的他，目前的職業是小學教師。一些人覺得這是大材小用，他自己卻不這麼認為。他覺得真正數學思維的培養，是在小學階段。如果自己選擇當一名小學老師，可能會對更多孩子的成長產生更大的幫助。

每個人的價值體系都不盡相同，又何必將生活橫向比較？你之所以備感焦慮，只是因為不知道自己是誰，自己從哪裡來又將到哪裡去，自己真正想要什麼。如是說來，像是一個哲學問題。可生活本身就是不斷與自己對話並且給出答案的過程啊！這個問題如果想明白了，也許未來就不再是個謎，你也不必這樣焦慮。

我們生活中大部分的焦慮都源自無意義的比較。順從自己的心意，勇敢地做自己，過自己真正喜歡的生活，才是不焦慮的活法。

認眞道別，是爲曾經的相遇畫上圓滿的句點

「離別」是我們成長過程中的必修課，我們總要面對，也應該交出一份令人滿意的答卷。因此，道別的儀式感就顯得格外重要。

從五月開始，樓下的燒烤攤便逐漸火爆起來。肆意張揚的歡笑聲總在星星閃耀的夜晚響起，那是即將畢業的大四學生在紀念青春。燒烤攤上的熱鬧情景會從五月初持續到六月下旬，所有的瘋狂、不捨與期待，都指向一個早已注定的結局。

那是一場注定的分離。

回想自己的青春，我們好像都是匆匆做完一個簡陋的告別儀式，然後興奮而忐忑地步入屬於自己的滾滾紅塵。當時的我們總是想：日子還那麼長，見面的機會還有很多。可是，慢慢地，你會發現，往往沒那麼多機會再見面，我們經常走著走著就走散了。

我們一個尋常的轉身，留給對方的可能就是餘生最後一個背影。當初分別時的眼淚是真的，相約再見的誓言也是真的，只是，世界那麼大，相見又太難。那麼，道別的時候何不用力一點？

二〇一二年，北京大學的校慶宣傳片名為《男生日記》。片子很短，只有十分鐘左右，卻巧妙地講述了一個完整的愛情故事。那是「理工男」何小冬與「藝術女」江小夏的愛情故事。

男孩何小冬曾經不理解，為什麼世界上會有人因為一隻流浪貓的死去而哭得梨花帶雨，最後還為它建了一座小墳塚；他也不理解，為什麼有人會把好好的自行車塗滿花紋，還為它起個名字；他更不能理解，為什麼有人會因為看一幅畫太過專注而忘記約會的時間。讓何小冬一直無法理解的人不是別人，正是他的女朋友江小夏。他覺得自己永遠沒辦法理解她的所作所為，不得已提出了分手。

臨近畢業，何小冬決定拿起相機和三腳架去拍攝十五張照片。他和每天晚上十點準時關燈的舍監阿姨合影，和學校的保安合影，和掉進去過三次的無名湖合影，和流浪貓的墳塚合影，和那個叫「星空」的自行車合影；在拍攝這一系列充滿儀式感的道別照片的過程中，曾經和江小夏在一起的點點滴滴又湧上了心頭，他好像突然之間讀懂了她：因為她太過善良，所以會因為野貓的死去而落淚；因為她痴迷藝術，所以會在名畫前久久駐足；影片的最後，何小冬把那些照片偷偷塞進了江小夏的背包裡，上面寫著：「這是你的生活，是我給你的最後一件禮物！」

「離別」是我們成長過程中的必修課，我們總要面對，也應該交出一份令人滿意的答卷。因此，道別的儀式感就顯得格外重要。

一個再平常不過的秋日午後，我失去了一位很好的朋友。我不知道現在的人都喜歡怎樣定義「朋友」這個詞。網路擴大了我們的社交圈，一個小小的社交軟體就可以容納來自天南海北的人，可每個人都能稱為「朋友」嗎？好像不是。

隨著年齡的增長，我多了很多玩伴。我們約著一起吃飯，一起逛街，一起看電影，一起聊八卦，卻從來不分享彼此內心真實的想法。也有那麼一些人，我們從未見過面，卻用真心照亮過彼此的生活。

他就是這樣一個存在，但我們還是需要告別了。我們不是現實生活中的朋友，所以總會存在一些無法再聯繫下去的理由。那天，我用自己心愛的粉色信箋手寫了一封長長的書信，寄給了遠方的他，然後刪除聯繫方式，結束了這段長達多年的友情。

微博上曾有一個短片被網友親切地稱為「最美的生前告別」。一位癌症患者決定在自己屈指可數的餘生裡，為自己辦一場隆重的告別儀式。儀式上，她的親戚朋友們哭成一片，她卻笑著安慰大家：「大家都別這麼傷感，我回顧我的一生，自認為我的一生很精彩。我的生命可能不是很長，但足夠精彩，這一生我沒有一丁點遺憾，特別是經過了今天以後……。」

我們都曾幻想過永遠，無論是親情、友情，還是愛情。我們常常做出許諾，許諾和某人做一輩子的朋友，一輩子對一個人好，一輩子不變心，與某人一輩子在一起；「永遠」、「一輩子」這類詞成了諾言的「最高級」。可其實我們心裡都清楚得很，「永遠」是相對的，離別才是注定的。正如歌曲《紅豆》中的那句：「有時候，有時候，我會相信一切有盡頭，相聚離開都有時候，沒有什麼會永垂不朽……。」

失戀也好，親人離去也好，或者只是和好友的兩地相隔，生活中總會有各種各樣的離別發生。朋友，為人生的每一場離別留下一筆筆濃墨重彩的痕跡吧，為曾經的每一場相遇畫上一個個圓滿的句號吧，多年後再回憶時才不會悵然若失。

堅持一些美好的儀式，日子會更幸福

我們需要找尋一種能夠讓自己感到幸福的方式去生活，
在外人看來它可能微小得不值一提，
可我們自己的生活卻會因這份特殊的心情而變得與眾不同，
我們身邊的人也會因這些有儀式感的瞬間而更加幸福。

我曾聽過一句話：「儀式感就是使某一天與其他日子不同，使某一時刻與其他時刻不同。」

某天傍晚，我在一家麵食店吃麵。那家店的老闆娘正和隔壁燒烤店的老闆娘站在門口聊天。麵食店老闆娘手裡的手機突然響了一聲，她看了一眼手機，回頭對著屋裡自家男人問道：「啥事啊，離這麼近還給我發微信？」那位大叔低頭看著手機螢幕，擺手說道：「你看看微信。」

阿姨自言自語了一句：「還擺譜。」她低頭查看手機，旁邊的燒烤店的老闆娘也一臉好奇地湊過去：「你們都是老夫老妻了，還搞『微信傳情』，可真夠有意思的。」阿姨沒反駁，看著微信突然笑了出來，轉頭對屋裡的大叔問道：「你啥意思啊？」這時，燒烤店的老闆娘更加好奇了，連連催問：「發了啥？發了啥？」阿姨竟然害羞地捂嘴笑了，主動遞上手機：「喏，給我發了五十二塊一角的紅包。」燒烤店的老闆娘一臉羨慕，探身衝屋裡的大叔調侃道：「老李哥，看不出來，你還挺浪漫啊！」大叔聽了這話略顯尷尬地撓了撓頭：「我看網上不少人說，現在流行這個。」

我常在這家店裡吃麵，味道很好，老闆和老闆娘樸實而溫情的相處模式也很令我動容。記得有一次，老闆接了一通電話後匆匆走出店鋪，過了一會又回來了，他氣喘吁吁地走到老闆娘面前，擦著汗說道：「我微信『錢包』裡的錢不夠給人家付貨款了。」老闆娘微微一笑，從腰間的錢包裡掏了兩張一百元的人民幣給了他，然後輕輕拍了拍老闆的後背。

這輕輕一拍的小動作除了我幾乎沒有人注意到，老闆娘的舉動也很自然，可我卻從這個動作中看到了老闆娘對老闆的關心。那輕輕一拍的小動作，使我湧起了「要是我也有個家就好了」的念頭。

我們常說，美好的愛情就是「一生、兩人、三餐、四季」，可兩個人度過了耳鬢廝磨的熱戀期後，如何才能在繁雜的生活中繼續相愛相守呢？在我看來，「愛情荷爾蒙」總有退卻的一天，它並不足以支撐兩個人相愛地走過一生；真正能支撐兩個人相愛到老的，都是那些看似多此一舉的小浪漫，即所謂的「儀式感」。也許只是情人節的一支玫瑰花，也許只是伴侶做飯時的一句「辛苦啦」，也許只是臨出門時的一個暖心擁抱。

曾有個廣告特別火紅。

廣告以第一人稱口述的形式講述了男人和妻子之間的婚姻危機：「我們從戀愛到新婚，像所有情侶一樣，非常幸福，我們以為我們會一直這樣幸福下去。」緊接著，視角切換成他的妻子，繼續講述：「但是，不知道從什麼時候開始，我們變成了現在的樣子。我們習慣了彼此的存在，我們不想再去表達對彼此的愛。」

結婚紀念日這天，男人在慎重考慮後，提出了離婚，他說：「我們都不幸福，不是嗎？」妻子想了一個晚上，同意了離婚，但她希望接下來的一個月丈夫能按自己的要求做一些事。男人雖然有些無法理解妻子提出的這個離婚條件，但還是同意了。他想，反正三十天後，一切都會結束的。

於是，在接下來的三十天裡，這個即將破碎的小家庭裡不斷出現如下情景。在男人提著公事包準備出門時，妻子喊住他：「你就這樣走了？抱我一下再走吧！」一起吃飯時，她抬起手：「牽我的手可以嗎？」臨睡覺時，她在他耳邊輕問：「可以說愛我嗎？」清晨起床時，她笑著討吻：「可以親我一下嗎？」

牽手、擁抱、親吻，這些熱戀、新婚時常做的事，在他們決定離婚後的一個月裡重新被尋了回來，兩人在看似早已一潭死水、毫無愛情可言的婚姻裡因為這些「小動作」而重燃激情。男人慢慢發覺，其實他和妻子都還愛著對方，只是因為日復一日的平淡生活而忽視了愛情的存在。

廣告的最後，男人在與同事聊天時突然憶起，妻子在最後這一個月裡要求自己所做的事，其實全部都是自己當初求婚時所做的承諾：「我向你保證，每天都牽你的手，每天都擁抱你，每天都親吻你，每天都對你說『我愛你』，你願意嫁給我嗎？」

伴侶間需要一次次愛的互動，它就像生活的調味劑，可以為平淡的日子增添一抹醉人的滋味，讓每一個平淡乏味的日子都變成冒著粉色泡泡的情人節。而對於每一個人來說，儀式感也可以使平淡的生活變得值得銘記。

我的十八歲成人禮，沒有鮮花，沒有掌聲。那是在同學們看來再普通不過的一個冬日——作業一樣的多，浴室洗臉的水一樣的涼，唯一不同的是我那顆火熱躁動的心。為了慶祝我在這一天正式成年，我用盡畢生口才向班導師請假，跟她申明我要去捐血。班導師看我那麼真誠，批准了我的假單。

那天，我滿心歡喜地登上開往市區的公車，一路顛簸地來到了捐血中心的門前。直到今天我都能回想起那天站在捐血中心門前的心情，那是一種很奇特的感覺，我覺得自己那即將開啟的十八歲後的人生，會因為跨入面前的小房子而變得偉大起來。那一刻，我覺得自己很神聖。

可實際上我的體重過輕——工作人員看了眼電子秤螢幕上的數字，便繼續處理手邊的工作：「你回去吧，體重不合格。」一直到那時我才知道，捐血竟然還有體重限制。

兩年後，當我的體重超過規定的時候，我重新回到了那個標有紅色十字架的小屋裡。看著暗紅的血液從我的身體裡被緩緩抽出，聯想到這個世界上的另一個人可能會因為我的血而重獲健康，我傻笑了起來。

那一刻我回想起了十八歲生日那天走進捐血中心的心情。也是直到那時我才明白，我十八歲成年的那一天很值得紀念，雖然帶有一絲遺憾，但因為「坐了四十分鐘左右的公車跑去捐血」這一充滿儀式感的舉動而變得意義非凡。

選擇生活還是選擇生存？我相信更多人願意選擇前者。那麼如何更好地過完餘生呢？我想，我們不僅需要長久地保有對生活的熱忱，更需要進行一些美好的、有儀式感的活動。它可以是在普通的日子裡畫個精緻的妝容，只為自己欣賞；可以是在特殊的日子裡，為家人、愛人精心準備一份小禮物；可以是和父母散步的時候，突然牽起他們的手，就像小時候一樣。

總之，我們需要找尋一種能夠讓自己感到幸福的方式去生活，在外人看來它可能微小得不值一提，可我們自己的生活卻會因這份特殊的心情而變得與眾不同，我們身邊的人也會因這些有儀式感的瞬間而更加幸福。

self-help
S
05

我不好，但假裝沒事
找到自己本來的模樣，不必成為討厭的大人

作　　者｜獨慕溪
選書編輯｜黃文慧
特約編輯｜劉佳玲
封面設計｜謝佳穎
內頁設計｜葉若蒂
出　　版｜境好出版事業有限公司
總 編 輯｜黃文慧
主　　編｜賴秉薇、蕭歆儀
行銷經理｜吳孟蓉
會計行政｜簡佩鈺
地　　址｜10491 台北市中山區松江路 131-6 號 3 樓
網　　址｜https://www.facebook.com/JinghaoBOOK
電　　話｜（02）2516-6892
傳　　真｜（02）2516-6891
電子信箱｜JingHaoPublishing@gmail.com

發　　行｜采實文化事股份有限公司
地　　址｜10457 台北市中山區南京東路二段 95 號 9 樓
電　　話｜（02）2511-9798
傳　　真｜（02）2571-3298
法律顧問｜第一國際法律事務所 余淑杏律師

I S B N｜978-626-95307-9-3
定　　價｜350 元
初版一刷｜2021 年 12 月

國家圖書館出版品預行編目 (CIP) 資料

與其在標準裡迷茫，不如活出自己的模樣 / 獨慕溪著．-- 初版．-- 臺北市：境好出版事業有限公司出版：采實文化事業股份有限公司發行，2021.12
面；　公分
ISBN 978-626-95307-9-3(平裝)
1. 自我肯定 2. 自我實現 3. 生活指導
177.2　　110018809